The Grit Workbook for Kids

CBT skills to help kids cultivate a growth mindset and build resilience

子どもの「やり抜く力」を育むワークブック

認知療法のスキルで身につく
成長型マインドセットとレジリエンス

イライザ・ネボルジーン 著　ジュディス・S・ベック 序文
大野裕／宇佐美政英 監訳

岩崎学術出版社

Instant Help Books

An imprint of New Harbinger Publications, Inc.

5674 Shattuck Avenue

Oakland, CA 94609 www.newharbinger.com

Japanese translation rights arranged with NEW HARBINGER PUBLICATIONS INC.

through Japan UNI Agency, Inc., Tokyo

The Grit Workbook for Kids

目　次

監訳者まえがき（大野　裕） v

序　文（ジュディス・S・ベック） vii

ご両親へ ix

子どもたちへ xi

ワーク 01　「やり抜く力」とは 1

ワーク 02　あなたの「やり抜く力」はどれくらい？ 4

ワーク 03　「やり抜く力」レベルを測定する 7

ワーク 04　最強の「やり抜く力」 11

ワーク 05　「やり抜く力」探し 16

ワーク 06　脳は変えることができる 18

ワーク 07　脳の基礎知識 21

ワーク 08　戦うか，逃げるか，固まるか 25

ワーク 09　気持ちの名札 32

ワーク 10　考えと気持ちは「永遠の親友」？ 34

ワーク 11　思い込みを捕まえよう 37

ワーク 12　もう一度考える？ 42

ワーク 13　自分との相談「そうだ，自分をコーチにしよう！」 47

ワーク 14　モチベマンの呪文 51

ワーク 15　3 つの全部 54

ワーク 16　成長型マインドセット　62
ワーク 17　マインドセットを変える　65
ワーク 18　喜びに感謝する　68
ワーク 19　君の靴？　それとも私の？　72
ワーク 20　照明よし，カメラよし，撮影スタート！　76
ワーク 21　視点のチェック　80
ワーク 22　何が問題？　84
ワーク 23　SEE（睡眠，運動，食事）が大事！　88
ワーク 24　「やり抜く力」と運動　92
ワーク 25　充電しよう！　98
ワーク 26　チューニング　104
ワーク 27　グラウンディング　107
ワーク 28　自然の恵み　109

まとめ　115
謝辞と著者紹介　118
監訳者あとがき（宇佐美政英）　120

監訳者まえがき

大野　裕

本書は，グリット（Grit）と呼ばれる「やり抜く力」を引き出して自分らしく生きていけるようになる手立てをわかりやすく紹介した本です。その手立ては，この本を子どもが一人で，もしくは親や養育者と一緒に読んでいくことで身につけていくことができます。

子どもは，何の苦労もなく生きていければ良いと思っています。子どもを持つ親や子どもの成長を支えている人たちも，何の苦労もなく子どもが成長していってほしいと願っています。しかし，子どもが生きていく過程で，多くの苦労や問題に出会うことは，誰しもわかっています。そうした苦労や問題に出会うからこそ成長できるということも，わかっています。

でも，どのようにして多くの問題を乗り越え成長していけば良いか，具体的な手立てがわからないと心配ですし，その苦労を糧に成長していくこともできません。そこで本書では，認知行動療法の考え方に基づいてその具体的な手立てについてわかりやすく具体的に紹介していきます。

認知行動療法と言われてすぐにわかる人は少ないかも知れません。認知行動療法は，米国の精神科医のアーロン・ベック博士により，うつ病などの精神疾患に対する精神療法（心理療法）として開発され，治療効果が確認されたことで世界的に広く使われるようになった治療法です。

このように書くと，精神疾患の治療法がなぜ子どもの成長に役に立つのか，疑問に思われる方がいらっしゃるかもしれません。じつは，認知行動療法は，常識の精神療法と言われています。私たち誰もが意識しないで日々使っている常識的なストレス対処の知恵をわかりやすくまとめた方法だからです。ですから，大人でも子どもでも，認知行動療法で使われている方法を身につけることができれば，毎日のストレスに対処できるだけでなく，その体験を通して，力強く自分らしく生きていくことができるようになるのです。

それには，本書で解説されているように，「虹色ユニコーンの考え」と「泣き虫ワニの考え」の間にある「本当で役に立つ考え」ができるようになることが大切です。その具体的な方法については本書のなかでわかりやすく紹介されています。本書では，他にもモチベマンの呪文や成長型マインドセット，喜びへの感謝など，心の力を育てるいろいろな方法が，身につけやすいように順を追って紹介されています。

本書が出版される2021年の夏には，新型コロナウイルス感染症が急拡大をしています。緊急事態宣言やまん延防止等重点措置が発出され，子どもも大人も，多くの人がストレスを感じています。そうしたウィズコロナの時代に，さらにはアフターコロナの時代に健康な心で生きていくために，本書はきっと役に立つはずです。

大野　裕
精神科医
国立精神・神経医療研究センター認知行動療法センター顧問
認知行動療法研修開発センター理事長

序　文

ジュディス・S・ベック

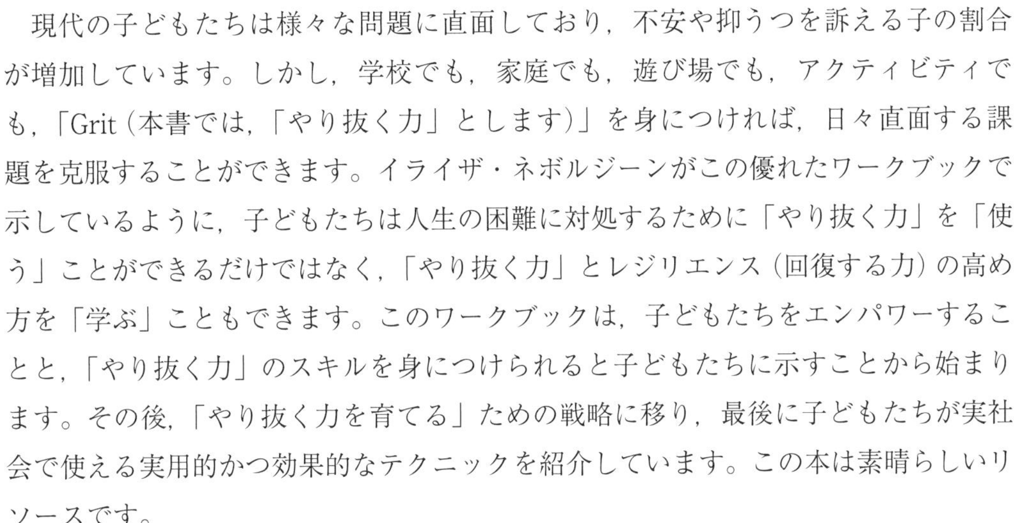

現代の子どもたちは様々な問題に直面しており，不安や抑うつを訴える子の割合が増加しています。しかし，学校でも，家庭でも，遊び場でも，アクティビティでも，「Grit（本書では，「やり抜く力」とします）」を身につければ，日々直面する課題を克服することができます。イライザ・ネボルジーンがこの優れたワークブックで示しているように，子どもたちは人生の困難に対処するために「やり抜く力」を「使う」ことができるだけではなく，「やり抜く力」とレジリエンス（回復する力）の高め方を「学ぶ」こともできます。このワークブックは，子どもたちをエンパワーすることと，「やり抜く力」のスキルを身につけられると子どもたちに示すことから始まります。その後，「やり抜く力を育てる」ための戦略に移り，最後に子どもたちが実社会で使える実用的かつ効果的なテクニックを紹介しています。この本は素晴らしいリソースです。

このワークブックは，エビデンスに基づく認知行動療法（CBT）の原則に従って書かれています。CBTは，大人や子どもの心理的援助のゴールドスタンダードと考えられています。私の父であるアーロン・T・ベック医学博士は，1970年代にCBTを開発した際，クライアントはスキルを学び，実践すべきだという考えを持っていました。CBTは何十年も前から子どもたちに適応されています。そして子どもたちに対するCBTの有効性を裏付ける研究も，長年にわたって行われ，広範囲で，意義深いものとなっています。

私が専門家としての仕事を始めたばかりの頃，限局性学習症のある子どもたちを教えていました。彼らの多くには「やり抜く力」が足りていませんでした。その頃このワークブックがあれば，彼らと一緒に使えたのにと思います。CBTと「やり抜く力」は自然にマッチしています。CBTの基本的な考え方は，「ネガティブな反応を引き起こすのは，状況ではなく，状況に対する私たちの**認知**である」というものです。私たちがストレスを感じているとき，私たちの認知（つまり，頭に浮かぶ考え）は，しばしば不正確で役に立たないものになります。考えを変えれば，感じ方も変わり，さらに重要なことに行動も変わります。「やり抜く力」には粘り強さと忍耐力が必要ですが，そのような性向は逆境状況で自然に起こる反応ではありません。早々にやめてしまわず，困難な状況であっても続けるという反応に変えるよう努める必要があります。CBTはこのような変化のためのスキルを提供しており，このワークブックはその重要なスキルを子どもたちに適用しています。

本書『子どもの「やり抜く力」を育むワークブック』は，親，支援者，教師，セラピスト，医療関係者など，子どもと関わるすべての人にとって重要なリソースです。この本は，明確でわかりやすく，楽しい内容になっています。この本は，子どもたちが「やり抜く力」を身につけるために必要なスキルを教えます。そして魅力的なエクササイズによって，子どもたちはこれらのスキルを学び，実際に活用することができます。

このワークブックを子どもたちと一緒に読んで使ってみてはいかがでしょうか。このようなスキルを若いうちから身につけることで，子どもたちは，予期せぬことや増え続ける現代社会の課題に対処するために備えておきたい「やり抜く力」を得ることができるでしょう。そして，この創造的なアイデアと戦略のツールボックスは，子どもだけでなく親であるあなた自身にも役立つことでしょう。

ジュディス・S・ベック，PhD
ベック認知行動療法研究所所長
ペンシルバニア大学精神医学科心理学臨床教授

ご両親へ

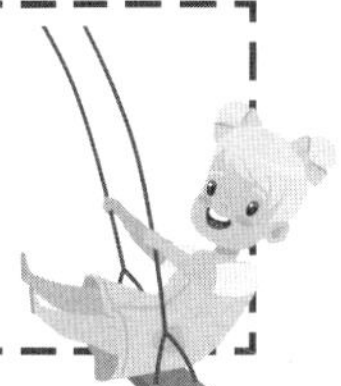

あなたのお子さんは，困難な状況になるとすぐにあきらめてしまいませんか？　すぐに落ち込んでしまいませんか？　特定の考え方や反応にとらわれがちではありませんか？　もしそうなら，この本はあなたのためのものです。

現代の子どもにとって，子どもらしくいるのは簡単なことではありません。学校の勉強に費やす時間が長くなり，アクティビティの予定が増え，自由に遊んだりリラックスしたりする時間が減るなど，子どもたちに求められているものが増えていることで，若者たちはより大きなストレスや課題を抱えるようになっています。子どもたちは，学校で良い成績を収め，将来の成功に備えなければならないという大きなプレッシャーに直面しています。

皆さんは，粘り強さが人生を変えることを直感的に知っています。このことは，研究によって証明されています。国際的に評価されている心理学者，大学教授，研究者であるアンジェラ・ダックワースをはじめとする研究者たちは，成功は知能や才能の問題ではなく，高い成果を上げた人物に特徴的なのは「やり抜く力」，つまり困難な状況でも粘り強く努力する能力であることを示しています。「やり抜く力」を身につけることで，大人も子どもも，人生のさまざまな領域で成功を収めることができます。大人が「やり抜く力」を実践すれば，より多くの成果を上げることができますし，子どもにとっても粘り強さやレジリエンス（回復する力）の模範となります。

「やり抜く力」とは，子どもたちが困難な状況にあっても，目標に向かって粘り強く努力することを可能にする力のことです。困難に耐え，努力をして達成の喜びを得るための方法です。成績を上げることや，旅行チームを作ることや，素晴らしいツリーハウスを作ることなど，子どもたちがやりたいこと，やらなければならないことをするには，「やり抜く力」が鍵となります。

親であれば，子どものためには物事をやさしいものにしてあげたいと思うものです。自分の子どもが苦しむ姿を見たいという親はいません。しかし，子どもをイヤな出来事から守ることは不可能です。むしろ，逆境を経験させないように快適な生活をさせることは，実際は，子どもを不利にしてしまうものです。障害や失望に前向きに対処する能力は，心の健康を保つために欠かせないものです。

幸いなことに，生まれつき「やり抜く力」に溢れた人である必要はありません。「やり抜く力」は，子ども（と大人）が学ぶことができる能力なのです。困難な状況から立ち直ったり，障害を別の角度から見たりすることを可能にするスキルを，子どもたちは身につけることができるのです。本書『子どもの「やり抜く力」を育むワークブック』には，「やり抜く力」を構成するツール，戦略，スキルを学び，実践するための28の楽しく魅力的なワークが用意されています。これらのワークには以下の内容が含まれています。

・**スタミナをつける**（睡眠，食事，運動，リラクゼーションなど，心身のケアを行う）
・**視点を保つ**（状況を正確に把握し，良い選択肢や可能性に気づく）
・**楽観的になる**（物事が思い通りに進まないときでも希望を持つことを選択し，ポジティブな点を探すように脳を訓練する）
・**問題を解決する**（問題を特定し，解決策をブレーンストーミングで考え，選択し，試してみる）
・**変化に対応する**（未知や不確実性へ対応する。予期せぬ困難から立ち直る）
・**柔軟に活動する**（新しい経験や異なるアイデアを受け入れる）
・**自分のために頑張る**（自分が必要としていることや欲しいものを主張する）
・**良好な人間関係を築く**（自分を支えてくれる人，助けてくれる人とのつながりを作る）
・そのほか……

この本は，お子さんが単独で使用することも，一緒に使用することもできます。

ワークはそれぞれ積み重なっているものですが，以前のトピックに戻って復習したり，必要なものに一足飛びでアクセスしたりしてもよいようにデザインされています。

「やり抜く力」とは，人生の道にあるすべての落とし穴を避ける力ではありません。穴にはまっても立ち往生することなく，前に進むための手段です。「やり抜く力」を身につけるには，子どもの頃が理想的です。というのも，スキルを早く身につければつけるほど，自然な反応になりやすいからです。本書『子どもの「やり抜く力」を育むワークブック』は，この重要な人生のスキルを身につけるための貴重なツールを，子どもたちと彼らを支援する大人たちに提供します。

The Grit Workbook for Kids

子どもたちへ

あなたは，やってみたら難しかったと感じたことはありませんか？　他の子どもたちがやっているのを見ると簡単そうに見えますが，自分がやってみると永遠に終わらないように思えたり，くじけてしまったりしませんか？　続けるべきだとわかっていても，あきらめたくなることはありませんか？　みんなが自分より簡単にやっているように見えて，なぜそう感じるのかわからないことはありませんか？

もしそうなら，この本はあなたのためのものです。この本は，物事を長く続けられるようになりたい，自分にできることにもっと自信を持ちたいと思っている子どもたちのために書かれました。難しいことを「できる」とわかっていても，どうやって続けていけばいいのかわからない子どもたちや，やりたいことや必要なことについてのアイデアはあるけれど，それをどうやってゴールに持っていけばいいのかわからない子どもたちのためのものです。つまり，「やり抜く力」を身につけたいと思っている子どもたちのための本です。

この本は，「やり抜く力」の持ち主になるのに必要なスキルを身につけるためのツールとして作られています。この本は，最初から順に読み進めていくのが一番効果的です。なぜなら，この本が教えるスキルはお互いに積み重なっているからです。それは，楽器を学ぶことに似ています。楽器を学ぶときはまず，楽器の持ち方や音の出し方を学び，次にさまざまな音の出し方を学びます。最後に，音を組み合わせて音楽を作ります。この本もそれとまったく同じように，さまざまなステップが一体になって，「やり抜く力」のスキルが身につくことになります。

といっても，すべてのページを同じペースで進めなければならないわけではありません。この本を読み進めていくうちに，自分がすでにかなり強い分野があることに気づくかもしれません。また，自分にとって非常に困難な分野があることに気づくかもしれません。そうであれば，すでによく知っている分野には時間をかけなくてもよいと判断できるでしょう。うまくいけば，自分の成長が必要な分野について補習をすることも決められるでしょう。

「やり抜く力」は定期的な練習を行うことで最も成長します。このワークブックで学んだスキルは，日々の生活の中で実践していく必要があります。実践して学べば学ぶほど，あなたの「やり抜く力」は大きくなっていきます。これは簡単なことではありませんが，あなたにはできるはずです。そして，その努力に見合うだけの価値があります。あなたが「やり抜く力」に満ちている状態であれば，難しいことを簡単にあきらめずに続けることができます。自分にできることに集中でき，他人と比較することなく，自分自身を強いものと感じることができるようになります。「やり抜く力」を身につけることで，自分自身や自分の能力に対して自信を持つことができます。

本の一部が理解できない場合は，助けを求めても構いません。ご両親が助けてくれるかもしれませんし，先生やガイダンスカウンセラーに聞いてみるのもいいでしょう。誰かに助けを求めることは，「やり抜く力」を身につけるために非常に重要なことです。

この本を読み終えたとき，あなたは山に登ったり，ビルの高さを測ったりできるようになっているでしょうか？　おそらくそうはならないでしょう。しかし，それは「やり抜く力」の本質ではありません。この本を読み終える頃には，最も「やり抜く力」に満ちた自分になるために必要なスキルと作戦を知ることができます。最も「やり抜く力」に満ちた状態は，その人ごとに異なります。あなたの場合は，以前は挫折していた難しい宿題を乗り越えられるようになるかもしれません。習いたいと思っていたけれど，自分には難しすぎると感じていた新しいスポーツを頑張ることができるかもしれません。あるいは，新しいことを「うまくいかない」と決めつけず，挑戦できるようになるかもしれません。それは，ビルの高さを測ることよりも素晴らしいことです。

この本を読む際には次のことを覚えていてください。「やればやるほど，あなたの『やり抜く力』は大きくなる」ということを。

あなたならできますよ！

ワーク 01 「やり抜く力」とは

ライアンは学校の演劇に挑戦し，主役を演じたいと思っていました。彼は自分の役の練習に多くの時間を費やし，すべてのセリフを覚えていました。しかし，どうでしょう？　ライアンは希望の役をもらえませんでした。彼は代わりに村人の役を与えられました。その村人のセリフはたったの３つ。ライアンはとてもがっかりしました。

あきらめたり辞めたりする代わりに，彼は劇中で一番の村人になることを決めました。衣装を作り，毎日鏡の前でセリフの練習をしました。声を大きくしたり優しくしたり，ふざけてみたりシリアスにしたり，セリフの話し方のさまざまな方法を試しました。そして身振り手振りも変えてみました。ライアンの先生は，彼の演技力が向上していることに気づきました。劇が終わると，先生はライアンに近くの子ども向けの劇団を調べるように勧めました。ライアンは現在，演技クラスを受講しており，少しずつ舞台に立つ機会が増えています。ライアンは「やり抜く力」を見せました。彼はがっかりしても頑張り続けました。

知っておきましょう

「やり抜く力」という言葉は耳慣れない言葉ですが，実は「やり抜く力」は学んで身につけることのできる重要な力です。子どもたちが「やり抜く力」を発揮するのは，困難なことに粘り強く取り組み，あきらめようかと思ってもやり続ける時です。アンジェラ・ダックワースという研究者は，長年にわたって「やり抜く力」を研究し，「やり抜く力」のある子どもは，物事を長く続ける傾向があり，努力することを快く感じていることを知りました。ダックワース博士は，生まれつきの才能がなくても，何かに秀でることができることを示しました。

生まれつき「やり抜く力」が強い人もいるようですが，それは問題ではありません。強力な「やり抜く力」を生まれつき持っていなくても，「やり抜く力」は鍛えることができます。「やり抜く力」は，バスケットボールのドリブルや馬の描き方，筆記体の書き方などと同じように，学ぶことができるスキルなのです。「やり抜く力」について学べば学ぶほど，そして実践すればするほど，あなたの「やり抜く力」は強くなっていきます。あきらめずに頑張ることが本当に上手になります。困難な状況を乗り越え，前進し続けることができれば，自分が強く，誇りに思えるはずです。

ライアンは「やり抜く力」を持った素晴らしい子どもであり，あなたも同じです。さて，あなたはすでに「やり抜く力」を実践しているはずです！　あきらめようと思ったけど，続けられた時のことを思い出してみてください。

あなたは今までに

・難しいテストだったのに，提出する前に答えの見直しをしたことがありますか？
・本当はやりたくないのに，学校で１キロ走ったことがありますか？
・緊張しながらもパーティーに行ったことがありますか？
・怖くてもチームや劇に参加したことがありますか？

これらのことをしたとき，あなたは「やり抜く力」を発揮していました。それは大したことではないように思えるかもしれませんが，とても重要なことなのです。やりたくないことや，うまくできないと思うことを続けるのは簡単なことではありません。でも，あきらめずに続けることで，「やり抜く力」はどんどん大きく，強くなっていきます。

やってみましょう

次の物語で，子どもたちが「やり抜く力」を実践している例に○をつけてください。

ケイトリンは，スケートボードを始めたばかりです。まだあまり上手ではありませんが，練習するたびに上手になっています。彼女はスケートをする場所に気を配り，いつもヘルメットとパッドを着用しています。ある日，彼女は段差にぶつかってバランスを崩し，地面に落ちてしまいました。足を怪我しましたが，パッドとヘルメットのおかげで，大事には至りませんでした。お母さんが駆け寄ってきて，大丈夫かと聞きました。ケイトリンは，「大丈夫だと思うわ。足が痛いけど，そんなにひどくはないわ。このまま練習していてもいい？」と言いました。

モーガンは新しいサッカーチームに入ったのですが，コーチが意地悪な人でした。コーチはみんなを怒鳴りつけ，モーガンは毎日の練習が怖くなってきました。彼女はお父さんに，チームを辞めたいと言いました。お父さんは，１日か２日考えてから決めなさいと言いました。モーガンは考えた末に，コーチに話をしに一緒に行ってくれないかとお父さんに頼みました。モーガンはサッカーが大好きですが，コーチが人を怒鳴りつけるのが好きではありません。モーガンのお父さんは同意し，一緒にコーチの所に行くことになりました。

マットは学校で大きなテストを受けなければなりません。大事なテストだとわかっていて，彼はとても心配でした。もし答えがわからなかったら？　もし失敗したらどうしよう？　マットは最初の問題を読んで，さらに心配になりました。何を書けばいいのかわからないのです。２つ目の問題でも同じことが起こりました。彼は心臓がドキドキするのを感じました。彼は失敗を確信していました。彼はテストを当てずっぽうな答えで終わらせたいと思いました。失敗するだけなのに，わざわざ努力する必要があるでしょうか？　しかし，マットは深呼吸をして，ベストを尽くすことにしました。彼はそれぞれの質問に，彼が考える最善の答えを書きました。

３つすべてに○をつけましたか？　正解です！　この子たちは皆，「やり抜く力」を発揮しています。「やり抜く力」は，大きくて明らかなこともあれば，小さくて見つけにくいこともあります。しかし，どの例でも，子どもたちは自分がやりたいことや必要なことを続ける方法を見つけています。

「やり抜く力」についてもっと知ることで，自分や他の人の「やり抜く力」に気づくことができるようになるでしょう。

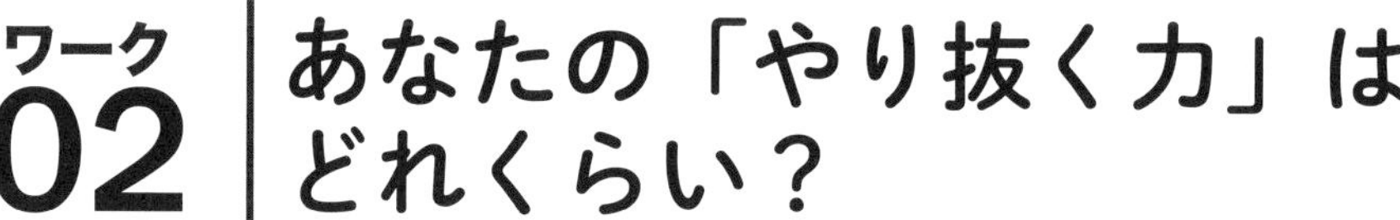

ワーク02 あなたの「やり抜く力」はどれくらい？

スージーは怒っていました。サッカーの試合に負け，すね当てが見つからず，疲れ，興奮していました。両親は彼女に，家に帰って叔母の誕生日ディナーの準備をするために，車に急がなければならないと言いました。スージーは気が動転してしまいました。叫んで，泣き出してしまいました。その時，彼女はあまり「やり抜く力」に満ちた気分ではありませんでした。実際，スージーはいつも「やり抜く力」が足りないと悩んでいました。あきらめたり，強烈な気持ちに負けたりすることがないようにすることは，彼女にとってとても難しいことだったのです。

知っておきましょう

私たちの中には，自然と「やり抜く力」を多く持っている人もいれば，少ない人もいます。それはそれでいいのです。体の筋肉を強化することができるのと同じように，私たちは脳の「やり抜く力」を強化することができます。筋肉を強くしたいと思ったら，何をしますか？　腕を鍛えるために腕立て伏せをするとか，あるいは，脚力をつけるために縄跳びを始めようと思いますよね。「やり抜く力」を身につけるのも同じで，練習と努力の積み重ねなのです。

やってみましょう

現在の自分の「やり抜く力」レベルを知るために，次の表に記入してください。左側の各項目について，自分に最も当てはまる欄に数字を記入してください。たとえば，挑戦することに喜びを感じない人は，「全くない」の欄に「0」を記入します。挑戦するたびに興奮する人は，「非常に当てはまる」の欄に「3」を記入します。

それぞれの欄の下にあるスコアを合計し，4つの合計値を加えて総計とします。

	全くない (0)	少し当てはまる (1)	当てはまる (2)	非常に当てはまる (3)
挑戦することが大好きです。				
自分で始めたプロジェクトを最後までやり遂げるのにやりがいを感じます。				
難しい課題を完成させることを楽しんでいます。				
何かに失敗しても，あきらめたくなったり，やめたくなったりしません。				
両親や先生によく頑張っているねと言われます。				
練習は重要です。必ず役に立つと思います。				
合　計				
総　計				

あなたのスコアを見てみましょう。総計が 16 以上であれば，あなたはすでに高いレベルで「やり抜く力」を持っています。しかし今以上に「やり抜く力」を伸ばせないわけではありません。この本を読めば，あなたの「やり抜く力」をさらに強くすることに役立ちます。

総計が 15 以下の場合，あなたの答えは，あなたの「やり抜く力」に少々課題があることを示しています。それでいいと思います。この本を読みながら，あなたの「やり抜く力」を成長させる準備をしてください。

何点であっても，あなたがこの本を読んでくれていることを私たちはとてもうれしく思います！

ワーク 03 「やり抜く力」レベルを測定する

ジャクソンは辛い一週間を過ごしていました。月曜日には，算数の問題のやり方がわからずに教室を飛び出してしまうという，大きな問題を起こしてしまいました。火曜日には算数の宿題をやらないことが家でも問題になり，お母さんには「難しくてやってられない」と言いました。しかし水曜日，彼はこの算数のやり方を学ぶ必要があると考え直しました。彼は授業の前に先生と会い，昼食時にも先生と会い，補習を受けました。そして，理解できるまで何度も復習しました。

知っておきましょう

「やり抜く力」レベルが常に満点の人はいません。ジャクソンは週の初めにはさほど高い「やり抜く力」を示さなかったのですが，水曜日には非常に高い「やり抜く力」を発揮しました。外の気温と同じように，私たちの「やり抜く力」レベルも上がったり下がったりします。気象予報士が気温を予測するように，私たちの「やり抜く力」レベルを正確に予測することはできませんが，私たちが「やり抜く力」を発揮しやすい時とそうでない時について，もっと学ぶことができます。

下の絵は,「やり抜く力」の温度計です。これを自分の「やり抜く力」レベルを測るためのツールとして使うことができます。自分の「やり抜く力」レベルを把握することで,自分が最も「やり抜く力」を発揮できる時と,「やり抜く力」を発揮するために努力が必要な時を知ることができます。自分の「やり抜く力」レベルに注意を払えば払うほど,自分がどの部分を伸ばす必要があるかを知ることができます。

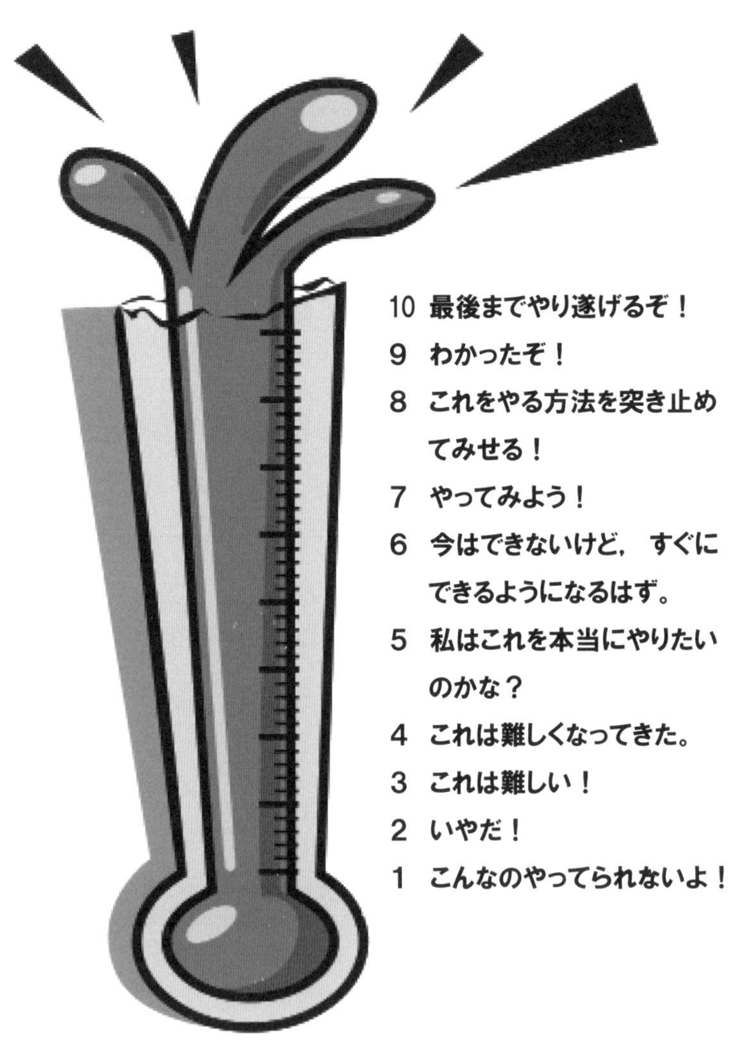

やってみましょう

「やり抜く力」の温度計を試してみましょう。その方法は次の通りです。ジャクソンが月曜日に教室を飛び出したときの彼の「やり抜く力」レベルを評価すると，それは「1　こんなのやってられないよ！」となります。火曜日に宿題をするのを拒否したとき，彼のレベルは「2　いやだ！」かもしれません。しかし，水曜日，彼が補習を求め，数学を理解するまで頑張って取り組んだとき，彼の「やり抜く力」レベルは「10　最後までやり遂げるぞ！」になっていました。3日間で，ジャクソンの「やり抜く力」レベルは相当に変わりました。

今週，あなたが「やり抜く力」を発揮したときのことを思い出してください。体育の授業で腹筋を30回できたとか，宿題の単語を1つ残らず終わらせたとか。温度計を使って，その日のあなたの「やり抜く力」レベルに最も対応する数字を選んでください。

「やり抜く力」測定:________________________

今週あなたが，続けていくことがとても難しいと感じた時のことを思い出してください。テストで思ったよりも低い点数を取ってしまった時かもしれません。あるいは，休み時間のゲームで最初にアウトになってしまった時かもしれません。恥ずかしいことではありません！　私たち皆に，得意なことと苦手なことがあります。今週あなたが，「やり抜く力」を発揮できなかった時のことを考えてみてください。そして，その時のレベルを以下の項目に記入してください。

「やり抜く力」測定:________________________

さて，「やり抜く力」温度計の使い方のコツをつかんだところで，まずは1週間使ってみましょう。

自分の「やり抜く力」を把握するために，以下のことを書いてください。

・その時に何が起こっていたのか
・あなたの「やり抜く力」の温度測定
・そのとき頭の中で起こっていた考え

次の記入フォームをつかって，「やり抜く力」を把握することができます。誰かに手伝ってもらいたかったら，そうしてもらって構いませんよ！

日時	状況 （何が起こったか書く）	「やり抜く力」 の温度	そのときの頭の中 の考え
日曜日の夕飯の後	私は宿題を終わらせなければいけなかったけど，やりたくありませんでした。私はなんとか腰を落ち着けて，宿題をやりました。	8	「きっとできるよ，なんとかやってしまおう」

ワーク04 最強の「やり抜く力」

ジェイクはクラスの中で一番の背の低い子どもでした。実際，彼は学年でも最も背が低い子どもでした。多くの人が，ジェイクは体格のせいであまり運動が得意ではないと思っていました。しかし，ジェイクの体格と「やり抜く力」は関係ありませんでした。

ジェイクはサッカーをしていましたが，チームの他の子どもたちは彼よりも大きくて強かったのです。ジェイクは自分の身長を変えることはできないとわかっていましたが，チームで一番速く走れて，一番ボールを扱える選手になろうと決意しました。彼は毎日練習し，自分の弱い部分を改善することに集中しました。彼の努力は実を結び，学校でもチームでもひっぱりだこのストライカーとなりました。ジェイクは小柄ですが，「やり抜く力」がありました！

知っておきましょう

「人を外見で判断してはダメ」という言葉を聞いたことがある方は多いと思いますが，外見だけでは内面の「やり抜く力」まではわかりません。ある人は大きな筋肉を持っていて強そうに見えますが，困難な状況に陥ったときにあきらめないとは限りません。内気でおとなしそうな人でも，他の人が避けて通るようなことを頑張る人もいます。「やり抜く力」とは，見た目ではなく，その人がどのように考え，行動するかということなのです。

やってみましょう

『白雪姫』で魔女が鏡を見て「誰が一番きれい？」と聞いたのを覚えていますか？ もし，あなたが魔法の鏡に，「一番『やり抜く力』がある人は誰ですか」と尋ねたら，鏡は何と答えると思いますか？　あなたが思いつく最も「やり抜く力」のある人は誰でしょうか？　それはあなたが個人的に知っている人ではないかもしれませんが，それでも構いません。ただし，くれぐれも内面に「やり抜く力」を持っている人や人々を選ぶようにしてください！

次のページの鏡の中に，あなたが思いつく最も「やり抜く力」のある人の名前を書いてください。その人の名前の下に，なぜその人が内面に「やり抜く力」を持っているかを表す，言葉や絵を書いてください。注意！「やり抜く力」の持ち主は必ずしも大きな筋肉の持ち主であるわけではありませんよ！

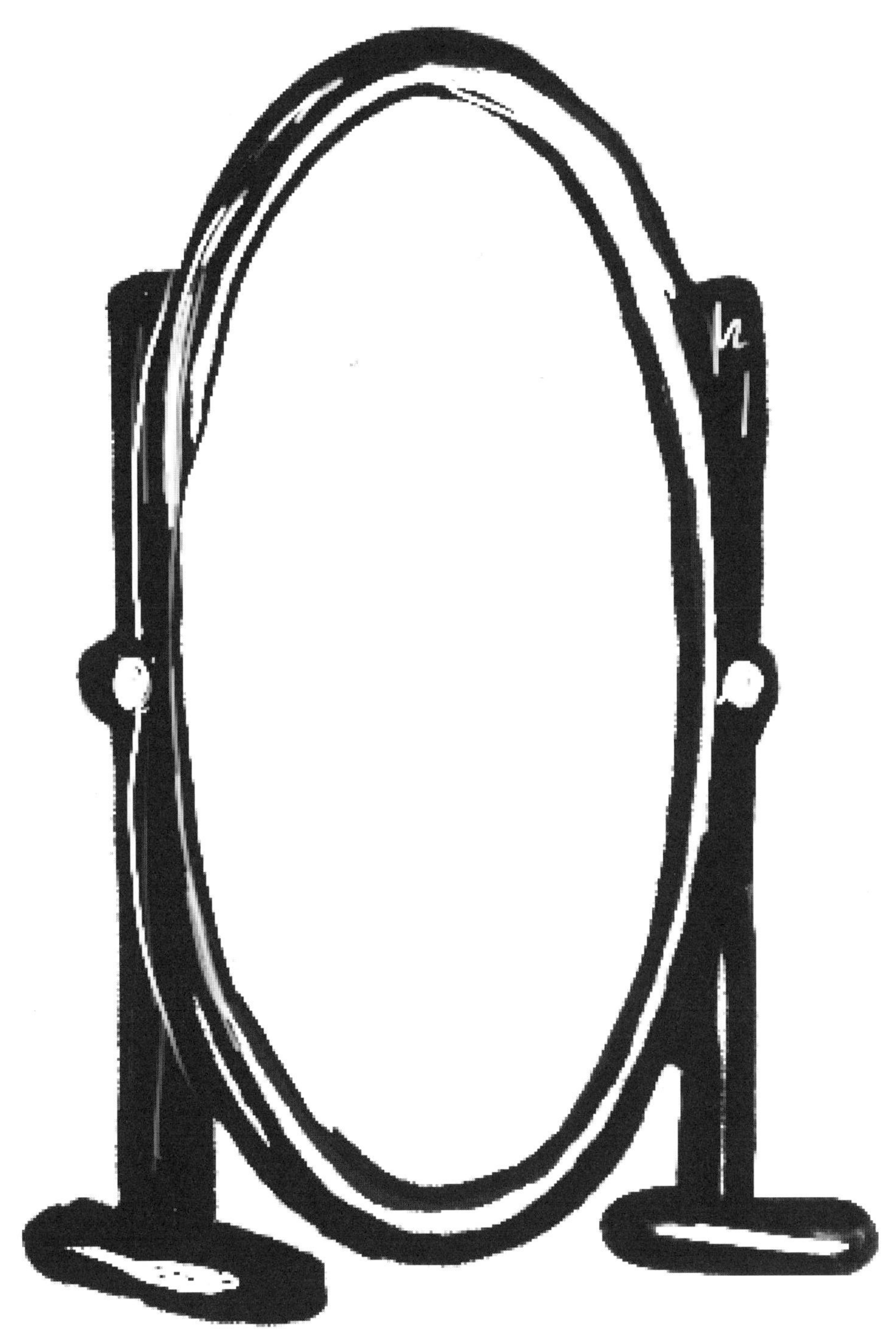

さらにやってみましょう

もしあなたがとても強い「やり抜く力」を持っていとしたら，どんな気分でいるでしょうか？　あなたが「やり抜く力」をたくさん持っていたら感じるであろう気持ちに，◯をつけてください。

私は……

勇敢だ	興奮している	幸せだ
強い	恐れている	満足だ
決意に満ちている	自信にあふれている	不安定だ
希望に満ちている	緊張している	心配している
熱中している	誇り高い	喜びに満ちている

別の紙に，自分が選んだ言葉を，気持ちを込めて書いてみましょう。「強い」を選んだ人は，文字に筋肉をつけてみましょう。「幸せだ」なら，太陽の光をイメージして書いてみましょう。例として，「勇敢だ」という言葉を図で示してみました。

ワーク 05 「やり抜く力」探し

リリーはピンク色が大好きでした。ピンクの靴，ピンクの服，ピンクのものなら何でも持っていました。彼女は，道路にピンクの車が見当たらないことに気づき，とてもがっかりしました。ピンクの車がない世界なんてあり？　しかしそれから，彼女はピンク色の車を意識して探し始めました。するとどうでしょう！　彼女はいたるところでピンク色の車を「目にする」ようになりました。

知っておきましょう

「やり抜く力」も同じです。「やり抜く力」は大小さまざまな形で現れます。つまり，簡単に見つけられることもあれば，一生懸命探さなければならないこともあります。しかし，一度「やり抜く力」を探し始めると，どんどん気づくことができ，最終的にはいたるところで目にすることができるようになります。さらに良いことに，周りの「やり抜く力」に気づくことは，自分の「やり抜く力」を増やすことにもつながります。気づけば気づくほど，「やり抜く力」は身についてくるのです。私たちはこのスキルを「『やり抜く力』探し」と呼んでいます。

「やり抜く力」探しは実は楽しいものです。「やり抜く力」は，リスが鳥の餌箱から餌を盗み出すまであきらめない姿や，妹が自転車に乗れるようになろうと頑張る姿から見出すことができるかもしれません。「やり抜く力」は私たちの身の回りにあり，一度探し始めれば至る所にあるものです。

やってみましょう

位置について，用意，スタート！　探し始めましょう！　下の記入フォームを使って，あなたの「やり抜く力」探しの成果を記入してください。自分で描いたり書いたりしてもいいですし，誰かに手伝ってもらうのもよいでしょう。

・「やり抜く力」探し・

学校で発見！　私はクラスメートが「やり抜く力」を出すのをこの時に見ました。

家族も「やり抜く力」をもっています！　私はこの時に見ました。

自然の中の「やり抜く力」。私はこの時に見ました。

私の中の「やり抜く力」。私はこの時に発揮しました。

ワーク06 脳は変えることができる

知っておきましょう

チュー太郎はネズミです。檻の中には，パズルや本，登れるものがたくさんあります。毎日，新しいアクティビティに挑戦したり，パズルを解いたりと大忙しです。

ネズ次郎もネズミです。彼は何の変哲もないケージの中で暮らしています。ビデオゲームをする以外は，あまり何もしません。もしYouTubeがあったら，ネズミ用のソファに寝そべって一日中見ているでしょう。

驚くべき事実があります。チュー太郎の脳はネズ次郎の脳より重いのです。チュー太郎の脳はネズ次郎の脳よりもより多くの神経回路を持っているので，重くなるのです。チュー太郎は全てのアクティビティを通して自分でその神経回路を作ったのです。チュー太郎は，肉体的にも精神的にも挑戦的に自分の脳みそを動かしたことで，自分自身を賢くしたのです。

賢くなるのはネズミだけではありません。人間も賢くなれます。知能は実際に成長するものなのです。以前は，人間の知能は身長や目の色と同じように決まっていて，それ以上賢くなることはないと考えられていました。しかし科学者たちは，それが真実ではなく，脳の能力を呼び起こすことで実際に賢くなれることを発見しました。

筋肉のように，脳も練習し，能力を呼び起こし，反復することで強くなります。難しい情報を学ぶために自分を奮い立たせ，それを継続すればするほど，脳の学習効果は高まります。

やってみましょう

それぞれの質問の前の線に「はい」または「いいえ」を記入してください。

__________ あなたの学校の生徒や友人で，スケートボードがとても上手な人がいるとします。その人を想像してみてください。その友人がスケートボードを持っているのをよく見かけますか？

__________ あなたの学校の生徒や友人の中に，優れたミュージシャンがいるとします。その人のイメージを頭の中に浮かべてみてください。その人はよく練習していますか？

__________ あなたの学校の生徒や友人で，体操がとても上手な人がいるとします。その人を思い浮かべてください。その人はいつも側転をしているようにイメージできますか？

__________ あなたの学校の生徒や友人で，読書家がいるとします。その人をイメージしてください。今，その人を見つけたら，手に本を持っていると思いますか？

__________ あなたの学校の生徒や友人で，ルービックキューブを解くのがとても得意な人がいるとします。その人を想像したとき，その人はルービックキューブを持っていますか？

ほとんどの回答に「はい」と答えましたか？　もしそうであるなら，練習，学習，スキルには関連性があることがわかります。ネズ次郎のようにいつもソファに座っていては，スケートボードの大会で勝つことはできません。何かを上手にするために，脳をより強くより重くするために，私たちは練習しなければなりません。

ワーク 07 脳の基礎知識

知っておきましょう

チュー太郎とネズ次郎はどちらも，学習してより多くの神経回路を作ることができる脳を持っています。あなたも同様です！　脳の働きについて，もっと勉強する準備はできてますか？

あなたの脳の大きさは，モルモット，ハムスター，猫のうち，どれくらいの大きさでしょう？　モルモットと答えた方，正解です。あなたの脳の重さも，モルモットと同じ約 1.5 キロです。残念ながら，あなたの脳はモルモットのように可愛いものではありませんが……。

皆さんは本物の脳の写真を見たことがありますか？　私たちの脳は，灰色でゴツゴツしています。あまりきれいではありませんが，とてもクールです！　脳の中で「やり抜く力」を作るのに重要なのは，**扁桃体**（へんとうたい）と**前頭葉**（ぜんとうよう）と呼ばれる部分です。「扁桃体」と「前頭葉」という言葉を聞くと，なんだか大げさな感じがしますが，動物に置き換えて考えてみるとわかりやすいかもしれません。

まずは扁桃体から見てみましょう。下の犬を見てください。彼女を「扁桃体犬のモモちゃん」と呼びます。モモちゃんはあなたのために最善を尽くし，いつもあなたの安全を守ろうとする素敵な犬です。残念なことに，熱心に仕事をしようとするあまり，モモちゃんは時々吠え過ぎたり，くだらない理由で過剰に反応したりします。

扁桃体犬のモモちゃんは，本当の危険（怒った熊がいる！）と一時的なストレス（大事なテストだ！）の違いを見極めるのが苦手です。モモちゃんが吠え始めると，脳は完全に保護モードに入り，何も考えられずにただただ緊急反応をするだけです。これは，怒った熊に遭って逃げるためには良いですが，大事なテスト中に考えられないとしたらあまり良いことではありません。

前頭葉フクロウのゼン先生は，これから学ぶ脳のもう一つの部分です。ゼン先生は賢いフクロウで，問題を解決したり，意志を決定したり，アドバイスをしたりするのが得意です。

テストを受けるとき，新しい技術を学ぶとき，あるいは深い考えが必要なとき，ゼン先生の出番になります。ゼン先生は賢く，頭が整理されていて，役割を果たすことに長けています。私たちが落ち着いていて，コントロールできているということは，前頭葉フクロウのゼン先生がその一幕を仕切っているということなのです。

私たちは前頭葉フクロウのゼン先生に**主導権を握ってもらいたいのです！**　前頭葉フクロウのゼン先生は宿題をなんとかしてくれて，勉強したことを忘れないようにしてくれて，他人に敬意を持って接することを手伝ってくれて，頭の中が整理された状態でいられるようにしてくれます。

彼のおかげで，私たちはあらゆる種類の良い判断ができるようになります。前頭葉フクロウのゼン先生は「やり抜く力」には欠かせません。私たちを軌道に乗せてくれます。扁桃体犬のモモちゃんは毒ヘビを避けるような重大な危険を回避するのにはよい働きをしますが，ゼン先生は物事をよく考える思索家なのです。モモちゃんとゼン先生は，脳の異なる場所に住んでいることがわかります。

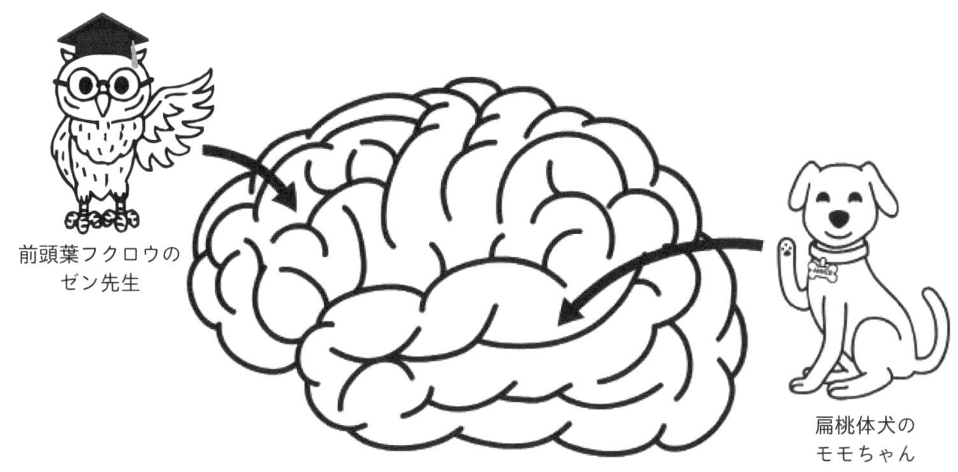

前頭葉フクロウのゼン先生は，私たちの脳を成長させることに長けています。そして，私たちの脳が最も成長するのは，挑戦的なことをしたときだということが，研究の結果わかっています。ゼン先生は，私たちが失敗してそこから学ぶことが本当に大好きなのです。ゼン先生は，私たちの脳をより強くしようと，新しい情報を学ぶことに一生懸命なのです。さて，あなたはチュー太郎とネズ次郎の話を覚えていますか？脳の重さが違う理由がわかりましたよね？

やってみましょう

空白の線の所に，それぞれの文が正しいか間違っているかを○か×で記入してください。

________私たちの脳は，およそモルモットの大きさです。

________前頭葉は意志を決定する役割を担っています。

________扁桃体は一種の番犬のようなものです。

________私たちの脳は変化させることができます。

________挑戦的な活動は，私たちの脳をさらに強くします。

これらすべてに「○」と答えましたか？　よくできましたね。あなたはすでに脳の仕組みを学んでいます。これらの脳の仕組みの知識は，簡単そうに見えるものもありますが，多くの大人でさえ，脳がどれほど変化し，強くなっていくのかを理解していないものです。かつては，脳は決して変化しないものだと考えられていました。しかし，私たちの脳は常に変化していることがわかりました——特に若い頃には大きく変わるのです。

ワーク08 戦うか，逃げるか，固まるか

知っておきましょう

あなたが危険な状況に直面していることを想像してみてください。大きな歯を持つ巨大なオレンジ色の虎が，今まさにあなたに向かって走ってきているのです。そんなときあなたは宿題を始めますか？　それとも走って逃げますか？　**そうです，逃げましょう！**

あなたが走り出すのには理由があります。扁桃体犬のモモちゃんはあなたの安全を守るために働きます。モモちゃんはこの緊急の危険な状況では，宿題をすることは生き延びることより重要ではないと知っているのです。この場合，モモちゃんは前頭葉フクロウのゼン先生をわざわざ巻き込むようなことはしません。モモちゃんはゼン先生に届くどんな情報もブロックしてしまうでしょう。この際，虎について**思慮深く**なる必要はありません。そうです。今は生き延びるために必要なことをするだけです。

扁桃体犬のモモちゃんは，私たちが困っていると思うと，警報ボタンを押して吠え始めます。このようなモモちゃんの音と行動が私たちの体に信号を送り，信号は私たちの体に，次の３つのうちのどれかを実行する準備をさせます。

・自分の身を守るために反撃する。
・危険から逃げる……今すぐに！
・気付かれないようにその場で固まる。

これについてはあなたも聞いたことがあるかもしれません。これを「闘争・逃走反応」と呼ぶ人もいます。最近では「闘争・逃走・凍結」と呼ばれるようになりましたが，これは３つ目の反応の方法があることに気づいたからです。いずれにしても，これは危険に直面したときに脳が私たちを守る方法なのです。

ここで興味深い知見を紹介しましょう。睡眠不足や空腹の場合，私たちの脳は過剰反応を起こします。過剰反応を引き起こすのは，あのお馴染みの扁桃体犬モモちゃんです。たとえば，あなた（エマちゃん）がとても疲れているとき，モモちゃんはこう考えます。「エマは今日とても疲れています。彼女の動きは鈍いでしょう。だから私はどんな事態にも大げさに反応して，彼女を助けるようにします。それが私がエマを守るやり方なのです。私は何が起こっても狂ったように吠えることにします」。

モモちゃんはあなたを助けようとしているのです。しかし脳がそのように興奮しているときにはうまく機能的に働くことは困難です。お腹が空いていたり，運動不足だったりする場合も同様です。モモちゃんはさらに防御的になり，大きな反応を必要としない状況でも過剰に反応してしまいます。

これが問題なのは，扁桃体犬のモモちゃんが警戒しているとき，情報が前頭葉フクロウのゼン先生に伝わらないからです。モモちゃんが吠え，木の周りをぐるぐると走り回るために，ゼン先生は何が起こっているのか見たり聞いたりすることができません。そしてゼン先生が状況を把握できないと，ゼン先生は私たちが状況を慎重に考える手助けができません。そして，私たちが力を発揮するためには，ゼン先生の知恵と思慮深さが必要なのです。

「やり抜く力」を身につけるためには，モモちゃんがリラックスできるようにしなければなりません。前頭葉フクロウのゼン先生が目と耳を開くことができるように，彼女には静かにしてもらわなければなりません。私たちにはゼン先生の冷静で論理的な助けが必要なのです。

やってみましょう

扁桃体犬のモモちゃんが吠えたり過剰反応したりするのをやめさせる最良の方法は，とても簡単です。落ち着くことです。自分の体を落ち着かせることができれば，扁桃体犬のモモちゃんも落ち着き，前頭葉フクロウのゼン先生に情報が届くようになります。ある特別な呼吸法を行うと，モモちゃんがリラックスし，ゼン先生が自分の仕事に集中しやすくなります。

次に紹介する，名付けて「ゼン集中の呼吸」は，特に役立つテクニックです。ぜひ試してみてください。

1. ゆっくりと口から息を吐き出してください。できる限りの空気を吐き出します。

2. ゆっくりと鼻から息を吸ってください。息を吸うときは４つ数えます。

3. ４秒間，息を止めます。

4. ゆっくりと**口から４秒かけて**息を吐きます。

これはなかなか難しいです――ゆっくり息を吐くのも，ゆっくり息を吸うのも難しいものです。これには少し練習が必要です。でも，私たちはもう，あなたが困難なことでもできることを知っていますよ！　だから練習しましょう。

このような呼吸法は，心臓の動きを遅くし，血圧を下げる効果があります。その結果，リラックスして落ち着いた状態になります。あなたが落ち着いているとき，扁桃体犬のモモちゃんはパニックになりません。モモちゃんがゆっくりと丸まって眠りに落ち，前頭葉フクロウのゼン先生が背筋を伸ばして賢そうな目と耳で周囲を見回している姿を想像してみてください。

穏やかでリラックスした状態でゼン集中の呼吸を実践してみましょう。車に乗っているとき，犬の散歩をしているとき，車に乗っているとき，テーブルセッティングをしているとき，ベッドに横たわっているときなどに試してみてください。ゼン集中の呼吸は，落ち着いているときに練習しておけばしておくほど，本当に必要なときに，より簡単に，より効果的に行うことができます。

練習の記録を残すために，次の表をご利用ください。1日3回（数分程度）練習し，終わったら表にチェックを入れましょう。

曜日	ゼン集中の呼吸1回目	ゼン集中の呼吸2回目	ゼン集中の呼吸3回目
月曜日			
火曜日			
水曜日			
木曜日			
金曜日			
土曜日			
日曜日			

The Grit Workbook for Kids

ワーク 09 気持ちの名札

アリーは学校で食べるサンドイッチにハムを入れたいと思っていました。彼女はその日のサンドイッチを作っていましたが，家にはハムがありませんでした。アリーはタマゴサンドやツナサンドでは嫌なのです，ハムサンドがよかったのです。

アリーは泣き出してしまいました。彼女は「こんなのひどいわ。今日は最悪の日になる。学校にも行きたくない」と思いました。アリーはキッチンの床に突っ伏し，立ち上がろうとしませんでした。彼女は悲しみ，怒り，そして失望していました。

知っておきましょう

気持ちは時に大変大きくなり，圧倒されてしまうものです。さきほど学んだように，私たちの脳は気持ちに対してさまざまな方法で反応します。恐怖を感じると，脳は自分を守ろうとします。うれしいときは，気持ちが軽くなり，活動的になる傾向があります。さて，他の気持ちはどうでしょうか？

ここに気持ちに関するとっておきの事実があります。**気持ちは必ずしも真実ではありません**。実は，気持ちは嘘をつくことがあるのです。いつもではありませんが，気持ちは確かに大きな嘘をつくという科学的知見があります。誰のせいだと思いますか？　そう，扁桃体犬のモモちゃんです。モモちゃんはたかがハムがなかっただけで吠え始め，アリーをごねさせたのです！

別の例を挙げてみましょう。あなたのお母さんは，部屋を片付けないあなたに腹を立て，お泊り会をしてはいけないと言いました。あなたはとても怒り，お母さんに叫びました。「あなたは史上最高に意地悪なお母さんだわ！」。怒りの気持ちがあなたにそう叫ばせているのです，そうですよね？　あなたの言葉は本気のものですか？　もし，あなたが怒っていなかったら，本当にお母さんにそんなことを言うでしょうか？

気持ちをコントロールするための最初のステップは，自分が今，どんな気持ちでいるのかを把握することです。多くのセラピストは，子どもたちに自分の気持ちに名前をつけるように促すために，「気持ちの名札を付けてみましょう」と言います。これは簡単なようでいて，結構大変なことなんですよ。

やってみましょう

「気持ちの名札」を実践して，以下の文章で表されている気持ちに名前を付けてみましょう。例文を読んで，その人の気持ちを想像しながら，**イライラしている，うらやましがっている，恥ずかしがっている，不安になっている，激怒している**など，どの気持ちを表す言葉が一番しっくりくるか考えてみましょう。

1. 鉛筆を削るために立ち上がったルーシーが机に戻ると，友人が「書き物の練習をするから削ったばかりの鉛筆を貸して」と言ってきました。

2. マイルスはお気に入りのチームの野球帽を欲しがっていました。親友が彼の欲しい帽子と全く同じものをかぶって学校に現れました。

3. ティナは，同じクラスの子に大きな恋心を抱いています。彼女は親友にその恋心を伝える手紙を書きました。その手紙を，恋の相手が横取りして読んでしまいました。

4. ベンは遅くまで数学の課題に取り組んでいました。彼は，この課題をうまくこなせなければ，数学が得意になることはないだろうと考えています。

5. マジソンは社会科のテストを受けています。先生は，彼女が部屋の中を見回しながら答えを考えているのを見てしまいます。先生は彼女を廊下に連れて行き，彼女は全く不正をしていないにもかかわらず，不正をしたと非難します。

答え：1.イライラしている，2.うらやましがっている，3.恥ずかしがっている，4.不安になっている，5.激怒している。

ワーク10 考えと気持ちは「永遠の親友」？

ディエゴと彼の友人は昼食をとっています。友人は，その日のスペリングテストで全問正解したことをディエゴに伝えます。ディエゴはテストの結果があまり良くなかったので，怒りを感じ始めました。彼は考えました，「彼は嫌な奴だ！　彼は僕を悪くみせようとしているんだ！」。ディエゴは昼食の時間が長く感じました。彼は友人に腹を立て，テストの自分の点数を恥ずかしいと思いました。

知っておきましょう

気持ちと考えは，永遠の親友にも，友人を装った敵にも，本当の敵にもなりえます。気持ちは脳に何を考えるべきかを伝えますが，必ずしも真実を伝えているわけではありません。強力な気持ちは，ハムがない程度の小さな理由で，扁桃体犬モモちゃんを吠えさせることがあります。

ここで大事なことをお知らせしましょう。気持ちは，考えと行動を通じて変化させることができるのです。それでは，一歩ずつ身につけていきましょう。①気持ちとは，主に体で感じるものです。②考えとは，私たちが自分自身に言い聞かせたり，考えたりする言葉やアイデア，イメージのことです。

考えを変化させる方法を学ぶことで，気持ち（感じ方）を変えることもできるようになります。言い換えれば，考え方を変えることで，強い，「やり抜く力」に満ちた気持ちを得ることができるようになるのです。コツをつかむには練習が必要です。さっそく始めてみましょう。

やってみましょう

考えとはなんでしょう？　気持ちとは何でしょう？　次の文章中で，気持ちを表す言葉に○をつけてください。

「あの子には腹が立つ！」
「わざとやったんだ！」
「旅行に行けなくなった！」
「がっかりだわ」
「どうして私は正しいことができないの？」
「あんなことしなければよかった」
「私はとても怖い」
「できなかったらどうしよう」

「腹が立つ」「がっかり」「怖い」に丸をつけましたか？　これらがこの文章の中の気持ちを表す言葉です。しかし，上の文中の考えも，気持ちを表していることに気づいたことでしょう。たとえば，「わざとやったんだ！」という考えは怒りの気持ちを，「あんなことしなければよかった」という考えは後悔や恥の気持ちを表しています。

考えは，気持ちを，このような順で説明することになります。

1. 最初に何かを**感じる**のは，たいていは身体です。心臓がドキドキしたり，胃がキリキリしたりします。
2. 脳は，その感じた気持ちを理解しようと試みます。
3. 脳はその気持ちを，**考え**を使ってあなたに説明しようとします。

気持ちを理解するのが難しい場合，最初に確認するべき場所は自分の考えなのです。

The Grit Workbook for Kids

ワーク 11 思い込みを捕まえよう

知っておきましょう

私たちは常に考えています。これを読んでいるあなたも，きっと考えていることでしょう。たとえば，「面白くなってきた」とか，「リンゴが食べたい」とか。しかし，頭の中を行き交うさまざまな考えに気づくのはとても難しいことです。考えに気づくことは，「思い込み（自動思考）」と呼ばれる特殊な考えを探そうとする場合には，特に厄介です。

思い込みとは，「自動思考」とも言われる通り，自動的に起こる考えです。思い込みは頭の中をとてつもないスピードで通り過ぎます。多くの場合，私たちはそのことに全く気付きません。思い込みは，大きな気持ちを感じているときに起こりがちです。たとえば，トリシアがホッケーの試合でゴールを外したとき，彼女の思い込みは「私はいつもゴールを外してしまう」「私は何もうまくできない」というものでした。このような思い込みはすぐにやってくるので，気にして見ていない限り，この思い込みが何を言っているのか気づくのはとても難しいです。しかし，リリーとピンクの車の話のように，もし私たちが思い込みに注意を払い始めれば，それを捕まえることができるのです。

なぜ思い込みを捕まえるのでしょうか？　その理由は思い込みが，気持ち，特になんとかしたい不快な気持ちを理解するための方法だからです。何かが起こると，

私たちは何らかの反応を**感じます**。
私たちはその反応について何かを**考えます**。

私たちの考えは，起こったことについて私たちがどう感じているかを説明してくれます——しかし，私たちの考えがいつも正しいとは限らないのです！

想像してみてください！　テレビのニュースで，キャスターが「ウサギの赤ちゃんが農場から逃げ出し，逃走中です！ 彼らはどこにでも現れる可能性があります。あなたの家の裏庭にもいるかもしれません！」と言っています。アナウンサーの深みの

ある声を聞き，あなたはその口調の中に警戒心があるのを聞き取ります。彼は，あなたの家の裏庭にウサギの赤ちゃんがいるかもしれないと言うのです……そう，まさに今！

あなたは怖いと感じます！　扁桃体犬のモモちゃんが昼寝から目覚めて吠え始めます。あなたは考えを巡らせ，「やばい！　赤ちゃんウサギが……あちこちにいる！　もう終わりだ！」と思っています。

あなたは息を吐きながら，ゼン集中の呼吸の練習を始めます。3回呼吸して，4回，5回と……。モモちゃんは再び眠りにつき，前頭葉フクロウのゼン先生が何事が起きているのかと目を開けます。そしてあなたは気づきます。「そうだ，赤ちゃんウサギは怖いものじゃない。赤ちゃんウサギは可愛らしいものだ」。

何かの音を聞いただけでパニックになってしまうことがあります。そんなときは，一歩下がって事実を見ることが必要です。今回のケースでは，子ウサギの逃走は，かよわい子ウサギにとってだけ危険であるという現実があります。私たちが何かを感じたからといって，それが真実であるとは限りませんし，何かを考えたからといって，それが真実であるとも限りません。

ネガティブで，私たちを怖がらせたり，怒らせたり，悪い気分にさせる思い込みには，特別な名前がついています。それはナッツ（NATS）と呼ばれていて，「陰性の自動思考（negative automatic thoughts）」を意味します。ナッツとは，何の前触れもなく蚊のように頭の中に浮かんでくる思い込みのことで，通常は，怖かったり，怒ったり，うらやましがったりと，何らかの形で嫌な気分にさせられます。

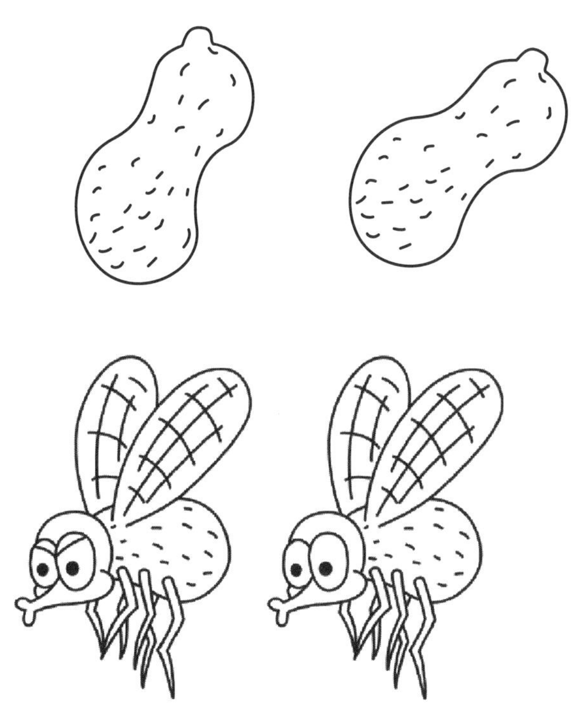

やってみましょう

ナッツを捕まえるコツを身につけるのは難しいものです。何かが起こったときに，自分の頭の中を何が通り過ぎたのかを注意深く観察しなければなりません。自分が何を考えていたのか，100％わからないこともありますが，それは当たり前のことです。過去にさかのぼって状況を見直すことで，自分が何を考えていたかを想像して考えることができます。想像して考えるというと非科学的で正確でないように聞こえますが，あなたについての一番の専門家は，**あなたです**。この状況で何を考えたのか，解明するのに最適な人物は，あなたなのです。

下の絵を見て，あなたの頭に浮かぶ思い込みを書き込んでください。

あなた
クラスのみなさん，
今日は抜き打ちテ
ストをしますよ

ワーク12 もう一度考える？

ミゲルは誕生日に，新しい靴をもらいました。彼はその靴を気に入り，次の日の学校に履いていくのが待ち遠しかったのです。あいにく，その日は朝起きたら雨が降っていました。雨は休み時間には止んでいましたが，地面はびしょ濡れでした。彼の新しい靴は数分で泥だらけになってしまいました。ミゲルは，とても悲しくてがっかりしました。彼は思いました。「靴がダメになってしまった！　今日はこれまでで最悪の日だ！」。

ミゲルが泥だらけの靴を先生に見せると，先生は「少なくともあなたには靴がある。世界には靴を持っていない子どもたちがたくさんいるのよ。その靴を持っていることを幸運だと思うべきよ！」と言いました。

知っておきましょう

皆さんは，「ポジティブに考えなさい」と言われたことがありますか？　大人は子どもにそう言うのが大好きです。靴を持っていてよかったと先生に言われたとき，ミゲルはその通りだと思いましたが，その時はその言葉は役に立たなかったのです。

考えを変えるときには，気持ちの持ち方を変えることから始めます。しかし，考えを変えるためには，まず自分の考えを**信じる**必要があります。考えを変えるときには，考えをよりポジティブで，**かつ現実的なもの**に変えてなければなりません。例を挙げてみましょう。もしミゲルの先生が，「それはとても残念！　新しい靴に泥がついてしまってかわいそうに。今夜洗ってみて，泥を落とせるかどうか試してみたら？」と言ってくれれば，もっと助かったかもしれません。

ミゲルの先生が彼に，靴を持っていてよかったと言ったとき，先生は良かれと思って言ったのですが，先生は「虹色ユニコーン」の考えを使って助けようとしたのです。虹色ユニコーンの考えはうまくいかないものです。

虹色ユニコーンの考えとは何でしょうか？　それは，過剰にポジティブな考えのことです。虹色もユニコーンも，実際には存在しない絵空事です。物事がうまくいかないときに，人（たいていは大人）が私たちにこの考えを教えるのですが，それは大人が私たちに気分を良くしてもらいたい，少なくともその問題を乗り越えてもらいたいと思っているからです。

たとえば，こんな感じです。「お弁当を忘れてしまった。でも大丈夫。今日はお腹が空くから，十分に食べ物がない子どもたちの気持ちがわかるよ。お弁当を忘れたのは，実はいいことなんだ」。

目を丸くしていませんか？　誰がそんなふうに考えるでしょうか？　完全に虹色ユニコーンの考えです。

虹色ユニコーンの反対の考えとはなんでしょう？　それは，「泣き虫ワニ」の考えです。泣き虫ワニの考えは，たいてい落ち込んでいるときに頭に浮かんでくるものですが，それを信じないように注意しなければなりません。泣き虫ワニの考えはとても説得力があります。さきほどと同じ例を，泣き虫ワニの考えの形にしてみましょう。

「昼食を忘れてしまった。今日は一日中お腹が空きそうです。文字通り飢え死にしそうです。ひどい一日になりそうです。私の人生は最悪です」。

この泣き虫ワニの考えはみじめさが過剰なもので，すべてが実際よりもずっと悪く感じられます。

もし虹色ユニコーンの考えが簡単に信じられず，泣き虫ワニの考えでは物事を実際よりもずっと悪く見せてしまうのであれば，「本当で役に立つ」考えを探してみるのはどうでしょうか？　本当で役に立つ考えは，虹色ユニコーンの考えと泣き虫ワニの考えの間にあります。

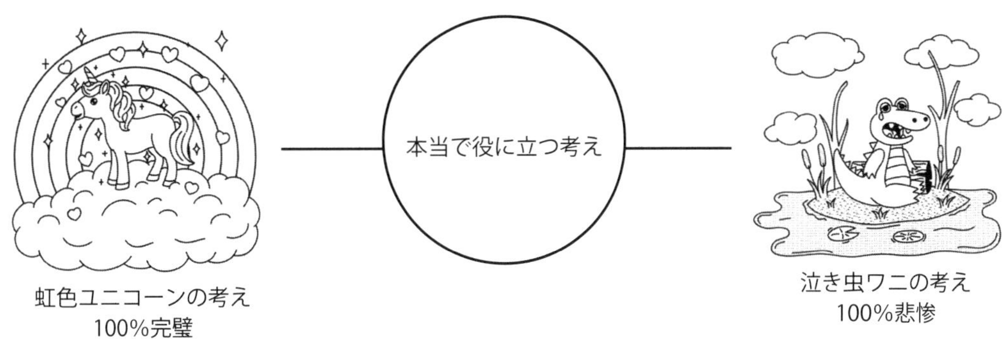

一般的に，本当で役に立つ考えとは次のようなものです。「何かが間違っていたが，私はそれを乗り越えることができる。無理して好きになる必要はないが，続けることができる」。このような考えは，現実的**かつ**楽観的です。

さきほどと同じ例を本当で役に立つ考えにしてみると，このようになります。

「お弁当を忘れてしまった。困ったな。一日中お腹が空きっぱなしということにならないように，先生に相談してみようかな」。

やってみましょう

以下の状況を読んで，そこから浮かぶウィルの「虹色ユニコーンの考え」，「泣き虫ワニの考え」，そして「本当で役に立つ考え」を示してください。

ウィルは新しいパーカーをなくしてしまいました。ママはとても怒るでしょう。そのパーカーを手に入れてからたった２日しか経っていないのに，どこにもないのです。学校で探したり，コーチに練習中にパーカーを見つけたかどうか聞いたり，お兄ちゃんの引き出しの中まで調べました。このままでは大変なことになってしまいます！　彼はそのパーカーがとても大好きでした。お気に入りだったのです。

虹色ユニコーンの考え：________________________________

____

____

泣き虫ワニの考え：________________________________

____

____

本当で役に立つ考え：________________________________

____

____

エリーは絵を描くのが大好きです。エリーは大人になったら画家になりたいと思っていて，自由時間にはかわいい動物やきれいな花，居心地のいい家などの絵を描いています。

エリーはまだ人物を描くのが得意ではありませんが，人物を描けるようになることが画家になるための重要であることを知っています。エリーは人物を描こうとするたびに，「これまでで一番ひどい人物画だわ。この絵はひどい！　私は一生人物を描けない！」と思ってしまうのです。

知っておきましょう

このような考えは役に立ちませんし，「やり抜く力」を身につけるのに邪魔になります。エリーは，自分の考えを本当で役に立つ考えに変えようと努力していますが，少し後押しが必要です。ここで，「自分との相談」の出番です。

その方法をご紹介しましょう。あなたが何かに苦労していて，やめたい，あきらめたいと思いながら，**しかしそれでも**「やり抜く力」を鍛えて続けたいと思っていると想像してください。それはとても難しいことです。そんなときに，苦しい間ずっと語りかけてくれる，自分だけのコーチがいたら，いいと思いませんか？　それには，あなた自身がなるのです！　**「ポジティブな自分との相談」**と呼ばれるものを使うことで，あなた自身がコーチになれるのです。

心配ご無用，学校で大声で独り言を言って回れということではありませんよ。そんなことはありません。自分との相談は，他の人に聞こえないように頭の中で行うものです。

エリーが自分との相談をどのように使ったかをご紹介します。まず，「この人物画は良くないけど，前に描いた人物画よりは良い」と自分に言い聞かせます。しかし，それだけでは十分ではなく，エリーはまだあきらめようとしていました。もっと強力な効果が必要だと思い，彼女は計画を立てました。

1. 彼女は自分がコーチであることを想像します。想像の中で，彼女は帽子をかぶり，首には笛をかけています。笛を首から下げて，メモ帳を持っています。

2. 次に，コーチが自分を励ますために言いそうなことを考えてみます。彼女は楽観的で励みになる，本当で役に立つ考えを用いて，言葉を思いつきます。

3. そして，その言葉を自分に言い聞かせる練習をします。絵を描いているときに頭の中で練習します。時には一人の時に鏡の前で練習します。

4. 最後に，自分に言い聞かせるとき，エリーは自分の名前を使います。（研究によると，そうすることで声をより近くに聞くことができるそうです）

その結果，エリーの自分への言葉はこんな感じになりました。

「エリー，君はすでにたくさんのものを描くことができる。人物を描けないわけがないよ」

「エリー，時間をかけて，失敗してもいい。でも，頑張って。エリー，君にはできるよ」

「エリー，あなたは厳しい物事だって実現できますよ。思い出してください。コアラを描くのがどんなに大変だったか？　あなたはそれができたじゃないですか。これもできるようになりますよ」

やってみましょう

以下の例を読み，役に立つ「自分との相談」を示す言葉や文章に○をつけてください。

アビー，君はひどい仕事をしているね。全然うまくいっていないよ。もっとうまくやってよ

ベン，何を考えているんだ？　これはめちゃくちゃだ。何もかもうまくいかないじゃないか！

これは本当に難しいことですが，あなたならできるはずです。頑張れ，エバ！

スペンサー，もちろん辞めたいと思うだろうけど，辞める必要はないよ。君は続けることができるはずだ。

あなたは，どの単語や文章が役に立って，どの単語や文章が役に立たないかを理解するのに苦労しなかったでしょう。それを知る方法は，その言葉があなたにどういう気持ちを起こさせるかということです。役に立つ「自分との相談」は，自分が続けられるような気分にさせてくれます。一方，絶望的な気分にさせたり，自分に対して悪い印象を与えたりする言葉は，その逆に作用します。

さらにやってみましょう

何かをあきらめようとしたときのことを考えてみましょう。誰にでもそういう瞬間はあるものです。自分がコーチになったつもりで考えてみてください。イメージが湧きましたか？　いいですね。自分との相談でコーチにどんなことを言ってもらいたいですか？　何が役に立ったでしょうか？　自分の名前をコーチの言葉の中に入れることを忘れずに，以下に答えを書いてください。

状況：＿＿＿＿＿＿＿＿＿＿＿＿＿＿＿＿＿＿＿＿＿＿＿＿＿＿＿＿＿＿＿＿＿＿＿＿

＿＿＿＿＿＿＿＿＿＿＿＿＿＿＿＿＿＿＿＿＿＿＿＿＿＿＿＿＿＿＿＿＿＿＿＿＿＿＿

＿＿＿＿＿＿＿＿＿＿＿＿＿＿＿＿＿＿＿＿＿＿＿＿＿＿＿＿＿＿＿＿＿＿＿＿＿＿＿

自分との相談でコーチがあなたに言ったこと：＿＿＿＿＿＿＿＿＿＿＿＿＿＿＿＿＿＿

＿＿＿＿＿＿＿＿＿＿＿＿＿＿＿＿＿＿＿＿＿＿＿＿＿＿＿＿＿＿＿＿＿＿＿＿＿＿＿

＿＿＿＿＿＿＿＿＿＿＿＿＿＿＿＿＿＿＿＿＿＿＿＿＿＿＿＿＿＿＿＿＿＿＿＿＿＿＿

ワーク14 モチベマンの呪文

トミーは，理科の実験結果をクラスで発表しなければならず，緊張していました。彼は，クラスのみんなの前で話すのが苦手で，何か恥ずかしい思いをするのではないかと思っていました。発表会の前夜はなかなか眠れず，翌朝には胃が痛くなっていました。彼は，自分が話す内容はとても素晴らしいもので，自分が学んだことをクラスメートと共有したいと思っていました。しかし，それができるかどうか不安だったのです。

知っておきましょう

何かに打ち込み，困難を乗り越えるためには，複数のツールや**作戦**が必要になることがあります。自分との相談で自分をコーチにすることは，優れた作戦です。もう1つ，似たものを紹介しましょう。モチベマンの呪文と呼ばれるものです。

頑張ろうとする気持ち，何かをしたいと思う理由を**モチベーション**と呼びますが，「やり抜く力」のある子どもたちはモチベーションの高め方を知っています。トミーは自分との相談などの「やり抜く力」作戦を使ってきましたが，今回は文字通りポケットに入れて持ち運べるツールを手に入れたいと考えています。このツールは，発表の直前に大きなストレスを感じたときに使える，シンプルで役立つものです。

彼は**マントラ**を作ることにしました。マントラとは，声に出して，あるいは頭の中で繰り返し唱える呪文のようなものです。一般的にマントラは瞑想やヨガのものだと思われていますが，どんな状況や用途にでも使えるものです。

このモチベーションを上げるためのマントラを，「モチベマンの呪文」と呼びます。

やってみましょう

この1年を振り返ってみてください。あなたが本当に誇りに思っている成果を2つか3つ，思い出してください。学期中に起こったことでも夏休み中に起こったことでもかまいません。以下にその成果を書いてください。

成果1：＿＿＿＿＿＿＿＿＿＿＿＿＿＿＿＿＿＿＿＿

＿＿＿＿＿＿＿＿＿＿＿＿＿＿＿＿＿＿＿＿＿＿＿＿

＿＿＿＿＿＿＿＿＿＿＿＿＿＿＿＿＿＿＿＿＿＿＿＿

成果2：＿＿＿＿＿＿＿＿＿＿＿＿＿＿＿＿＿＿＿＿

＿＿＿＿＿＿＿＿＿＿＿＿＿＿＿＿＿＿＿＿＿＿＿＿

＿＿＿＿＿＿＿＿＿＿＿＿＿＿＿＿＿＿＿＿＿＿＿＿

成果3：＿＿＿＿＿＿＿＿＿＿＿＿＿＿＿＿＿＿＿＿

＿＿＿＿＿＿＿＿＿＿＿＿＿＿＿＿＿＿＿＿＿＿＿＿

＿＿＿＿＿＿＿＿＿＿＿＿＿＿＿＿＿＿＿＿＿＿＿＿

これらの成果の中で最も誇りに思うことは何ですか？　それを達成するために，あなたはどのように「やり抜く力」を発揮しましたか？　あなたの「誇り」と「やり抜く力」の両方を短い文章で説明してください。

＿＿＿＿＿＿＿＿＿＿＿＿＿＿＿＿＿＿＿＿＿＿＿＿

＿＿＿＿＿＿＿＿＿＿＿＿＿＿＿＿＿＿＿＿＿＿＿＿

＿＿＿＿＿＿＿＿＿＿＿＿＿＿＿＿＿＿＿＿＿＿＿＿

＿＿＿＿＿＿＿＿＿＿＿＿＿＿＿＿＿＿＿＿＿＿＿＿

さて準備はできましたか？　さきほど書いたことを振り返って，何かをしたい，できるはずという思いを短い文章でまとめましょう。この短い文章こそ，繰り返し唱えてあなたを勇気づけてくれるモチベマンの呪文です。以下のアイデアを参考に，自分だけの呪文を作ってみましょう。

- 私は強くて有能だ。
- 私は難しいこともやり遂げられる。
- 私は進み続ける。
- 私は能力がある。
- 私は簡単にはあきらめない。
- 私は居心地の悪さに対処できる。

あなたなりのモチベマンの呪文を下の囲みに書いてください。この呪文を暗記することもできますし，紙に書いてポケットに入れておくのもいいでしょう。どちらにしてもあなたはいつも，頼もしい味方モチベマンと一緒です。

ワーク 15 3つの全部

キャティは毎朝，今日はいい日になると思って起床します。両親に笑顔を見せ，学校に行くのを楽しみにしている，まさに楽観的な子どもです。朝食時，キャティは両親とその日の学校で起こりそうな出来事について話し，最も楽しみにしていることに注目しています。これから始まる美術の授業のことや，昼食にカフェテリアにおいしいピザがあるといいなということなどです。

エミリーは目覚ましが鳴ってもベッドから起き上がろうとしません。両親にはキレるし，学校を怖がっています。エミリーはどちらかというと悲観的な子どもです。朝食時にエミリーの両親が彼女と話そうとすると，彼女は「自分は朝型人間ではない」と両親に念押しし，「静かにしてください」と言います。彼女の考えは，昨日のランチの時に起こった事件に注意が向いており，これからの１日が怖くなってきます。

知っておきましょう

キャティもエミリーも素晴らしい子どもたちです。超クールで，優しくて，一緒にいて楽しい人たちです。でも，キャティの方が楽なのは間違いありません。私たちはキャティを楽天的と呼んでいますが，楽天的なのはキャティの**考え**です。キャティは物事をより幸せに，より明るく見るような考え方をしています。

楽観主義者とは，たとえ人生が思い通りにいかなくても，希望を持って前向きに生きようとする人のことです。コップには「半分入っている」か「半分空いている」か，という表現を聞いたことがありますか？　この例では，グラスには真ん中まで水が入っていますが，それをどのように見るか，半分入っているのか半分空なのかを，選ぶことができます。楽観主義者のキャティは「半分入っている」と言うでしょう。悲観主義者のエミリーは「半分空いている」と言うかもしれません（どちらも真実ですが，忘れないでください。あなたがどう見るかを**選ぶのです**）。

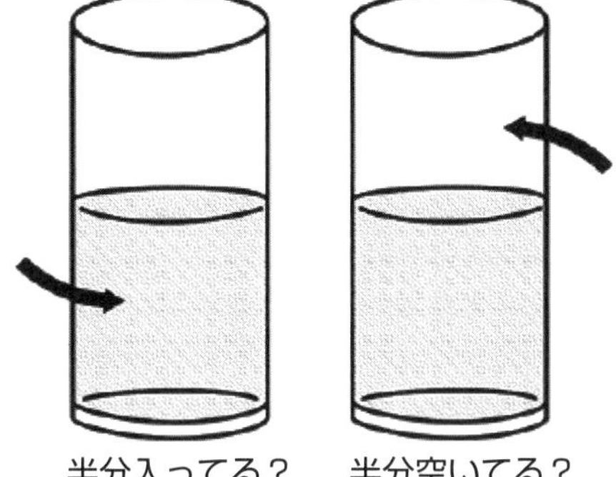

「やり抜く力」がある子どもたちは，より楽観的な考え方をします。彼らは状況を，肯定的に，しかし現実的かつ役に立つ方法で見るようにしています。

やってみましょう

ポジティブになるためには，ワーク 11 で学んだネガティブな思い込み（ナッツ）を捕まえて，それを変えることを学ばなければなりません。マーティン・セリグマン博士という有名な教師であり研究者は，私たちをネガティブに考えさせる思い込みには3つのタイプがあることを発見しました。

それは「3つの全部」と呼ばれるものです。その思い込みとは，「全部変わらない」，「全部ダメだ」，「全部自分のせい」の3つです。その意味は以下の通りです。

1. **「全部変わらない」**。あなたは，物事は決して変わらない，決して良くならないと信じています。常にこの状態が続くであろうと。「全部変わらない」という思い込みの例はこのようなことです。「私は何にでも過剰に反応してしまう。私はずっとこうなんだろう」。「全部変わらない」という思い込みは，大きくて固い岩のようなものです。彼らには，物事は永遠にそこにあると思えるのです。

2. **「全部ダメだ」**。これはつまり，あなたの考えが，あなたの人生のあらゆる部分に反映されるという思い込みです。一つでもうまくいかないことがあると，すべてが台無しになってしまいます。「私はキックボールのとき最後に選ばれた。誰も私と一緒にいたがらないんだ」。「全部ダメだ」と思い込んでいるときには，まるで人生のすべてが影響を受けてしまうかのようです。クッキーのトレイを焦がしてしまうと，悪臭が家のすみずみまで広がり，服にまで付着してしまいます。それと同じように「全部ダメだ」という思い込みは，あなたの人生のあらゆる部分に影響を与えると考えさせます。

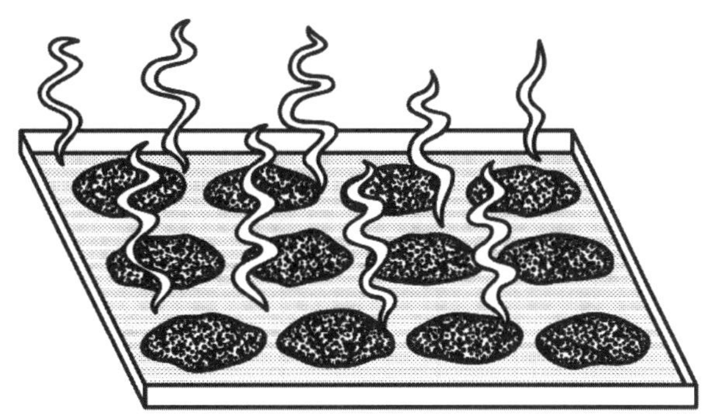

3. 「全部自分のせい」。あなたが原因だ，もしくは，あなたについてのことだ，という思い込みです。誕生日パーティーに招待されないのは，あなたが何か悪いことをしたか，あなたが好かれていないからなのです。「あの子たちがひそひそ話をしていて，私の方を見ていたような気がする。きっと私のことを言っているんだわ」。「全部自分のせい」という思い込みをしていると，私たちは多くのことを仮定してしまいます。そして，その思い込みは私たちを傷つける傾向にあります。この絵を見てください。「全部自分のせい」という思い込みをしているときは，まったく普段どおりのあなたなのに，過大かつ，たいていは真実でないように，自分のすべてを悪く決めつけてしまいます。

それぞれの考えが，3つの思い込み（「全部変わらない」，「全部ダメだ」，「全部自分のせい」のうちどれにあてはまるか，線を引きましょう

「ジュリーは私を嫌っている！　彼女は私のことをひどい奴と思っているんだ」	「全部変わらない」 「全部ダメだ」 「全部自分のせい」
「私はテストに落ちた。私はこの数学のやり方を学ぶことは今後も絶対にできない」	「全部変わらない」 「全部ダメだ」 「全部自分のせい」
「母に怒られた。今週は最悪の週になりそうだ」	「全部変わらない」 「全部ダメだ」 「全部自分のせい」
「先生がお遊び会を中止にした。クラス全員が悲惨な気分になっている」	「全部変わらない」 「全部ダメだ」 「全部自分のせい」

「小テストに失敗したのは私だけ。私にはどこか悪いところがあるんだ」	「全部変わらない」 「全部ダメだ」 「全部自分のせい」
「私はクラスで一番遅い子。私は体育の徒競走ではこれからもいつもビリになるだろう」	「全部変わらない」 「全部ダメだ」 「全部自分のせい」

どの思い込みなのか，判断に迷った方もたくさんいると思います。たとえ間違っていたとしても，大丈夫です。私たちの脳は，間違いを犯し，それを修正することで，よりよく学ぶことができるのです。間違いから学ぶたびに，あなたは「やり抜く力」を身につけることができるのです。

さらにやってみましょう

さて，「3つの全部」についてご紹介しましたが，今度は自分の生活の中で3種類の思い込みを捕まえてみましょう。自分の考えに注意を払い，毎日2，3個の思い込みを，最もよく当てはまる「3つの全部」のカテゴリーに分類するようにしてください。次の記入フォームを使って記入してみましょう。

これは，大人に手伝ってもらって完成させるのに適したワークです。なぜなら，思い込みを捕まえたり，書き留めるよう覚えておくのは難しいことだからです。また，「3つの全部」のカテゴリーのうちどれに最も当てはまるのかを学ぶのも難しいものです。

日付	状況（思い込みの原因となった出来事）	私の思い込み	「全部変わらない」? 「全部ダメだ」? 「全部自分のせい」?

ワーク16　成長型マインドセット

ポールとザックは２人とも素晴らしい子どもです。２人ともスポーツが大好きで，お姉ちゃんがいて，週末にビデオゲームをするのが大好きです。２人とも自分が頭がいいことを知っていて，自分の頭の良さを示すために良い成績を取りたいと思っています。２人には多くの共通点がありますが，しかし世界の捉え方は大きく異なります。

ポールはテストで良い成績が取れないと，先生の説明が不十分だと怒ったり，テスト中の息遣いがうるさいと隣の席の子どもを責めたりします。次のテストでどうすればいいかを考えるのではなく，ポールは先生の説明がもっとうまくなり，クラスメートの声が小さくなることを願っています。

ザックは，テストで悪い点を取ると，自分のどこが悪かったのかを考えます。もっと勉強すべきだったのか，それとも教材を十分に理解していなかったのでもっと質問すべきだったのかを考えようとします。ザックは，先生に時間を取ってもらい自分が間違えた問題を再点検し，さらに教材を復習するようにしています。

知っておきましょう

キャロル・ドゥエックという有名な研究者が，生涯をかけて研究しているのが「**マインドセット（考え方）**」という概念です。ドゥエック博士は，人には大きく分けて「固定型」と「成長型」という２種類のマインドセットがあることを発見しました。

固定型マインドセットとは，人は生まれつきそのような性質を持っていると考えることです。目が茶色い人と青い人がいるように，生まれつき頭がいい人とそうでない人がいるのです。先の例のポールのマインドセットはかなり固定化されていますよね。彼は，より良い成績を取るために自分でできることがあるとは考えていないようです。彼の信念は固定されていて，まるで南京錠のようです。

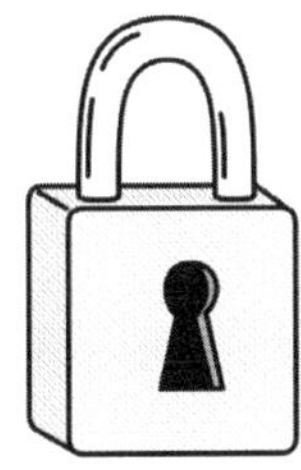

ザックは，どちらかというと成長型マインドセットの強い子どもです。生まれつきの才能は素晴らしいものですが，生まれつきの才能がなくても何かを上手にこなすことはできると考えています。また，失敗やミスは，新しいことを学び，より良くなるためのチャンスだと考えています。ザックの信念はすべて成長についてのものです。彼の成長型マインドセットは，成長する植物のようなものです。

頑張ればうまくいくと信じている子どもは，人生が厳しい時にも楽に過ごせます。これはなぜでしょうか？　答えは，全てはあなたがどう**考えるか**次第なのだ，ということです。成長型マインドセットを持つと，自分にはできると信じることで，あらゆることが簡単にできるようになります。

やってみましょう

今はまだ成長型マインドセットを持っていない子どもでも，そのスキルを身につけることは可能です。まずは，成長型マインドセット的考えと固定型マインドセット的考えの違いを学ぶことから始めましょう。以下は，ある子どもが持っている考えのリストです。「固定型」のものに×を，「成長型」のものに◯をつけてください。

私は数学が苦手です。

私はスポーツが苦手です。

私は水泳が苦手です。

私は一生懸命勉強すれば，テストで良い結果を出せる。

私は一生懸命頑張ればもっとうまくできる。

私は体操が苦手です。

ギターは練習すれば上手になります。

私は努力すれば新しいことを学べる。

この宿題は私には難しすぎる！

段階を踏んでやればできるよ。

私は料理が下手だ！

挑戦し続けて，どうなるか見てみよう。

友達や大人と一緒に答えについて話し合ってみましょう。正しく答えられなかったものがあっても構いません。誰かと話し合うことが，自分の考えを深めるとこになり，あなたのマインドセットを理解することにつながります。そして，学んでいる間に「やり抜く力」を養うことができます。

ワーク 17 マインドセットを変える

ピートには赤ちゃんの弟，トミーがいて，ちょうど歩けるようになったところです。トミーは歩くのがあまり得意ではありません。それどころか，ほとんどの場合，転んでしまうようです。でも，トミーはあきらめません。彼は歩けるまで何度も何度も練習します

知っておきましょう

年をとると，成功や失敗の可能性を意識するようになります。失敗する可能性があることを知っているので，それぞれの状況について赤ちゃんよりも大きなリスクを感じるようになります。これは，危険なことをしないようにするためには良いことです。しかしこれはまた問題でもあります。なぜなら何かに失敗することを恐れるため，挑戦することを避けてしまうからです。

成長型マインドセットとは，成功したければ努力しなければならないと考えることです。成長型マインドセットを持つ子どもたちは，どうすれば学ぶことができるか，どうすれば脳が強くなるかをよく考えます。このような子どもたちは，常に課題に直面しています。実際，成長型マインドセットの持ち主のスキルとして，障害は必ずあるもので，前に進むためにはその障害に直面する必要があると覚悟していることがあるのです。障害から学ぶことで，「やり抜く力」が強化されるのです。一方で，障害から逃げたり，困難な状況に陥ったときにやめてしまうことは，固定型マインドセットを強くします。

やってみましょう

想像してみてください，あなたは学校でとても難しいテストを受けています。テストに目を通しているうちに，間違ったところを勉強していたことに気がつきました。あなたは何を考えるか，想像してみてください？　その考えを次の吹き出しに書き込んでください。

あなたが多くの人と同じなら，最初に考えたのはおそらく固定型マインドセット的考えだったでしょう。それは次のようなものではなかったでしょうか。「私にはできない！　この範囲はきっと先生が教えてくれなかったんだ！　私は失敗するだろう」。でも，大丈夫です。このような考えがなんであるか認識できるようになれば，その考えを変えることができます。

固定型マインドセットを成長型マインドセットに変える練習をしてみましょう。まず，あなたのさきほどの考えは，固定型マインドセット的考えなのか，成長型マインドセット的考えなのか，どちらでしょうか？

固定型マインドセット的考えだったら，成長型マインドセット的考えに変えてみましょう。この吹き出しに新しい考えを書き込んでください。難しいことではありませんよね？

そんなに難しくないですよね？　あなたは強い成長型マインドセットを身につけつつあります。

ワーク 18 喜びに感謝する

知っておきましょう

感謝の気持ちを持ち，ないものではなくあるものに目を向ける子どもは，より幸せになる傾向があります。しかし，これを実行するのは簡単ではありません。私たちの脳は，自分が持っているものではなく，欲しいものについて考えさせるのがとても得意なのです。

何かや誰かに感謝するためには，感謝することを決意しなければなりません。わかりにくいですか？　感謝の気持ちは，「やり抜く力」と同じように，自ら選択するものなのです。私たちは，素晴らしい瞬間に意図的に気づき，自分の気持ちに注意を払い，他人の良い行為や親切な行為を認めることで，感謝の気持ちを選択するのです。

例をあげます。あなたのサッカーチームがついに試合に勝ち，あなたは勝ったことにとても感謝しています。サッカーの試合に勝ったことはあなたへのプレゼントではありませんが，チームの頑張りはあなたへのプレゼントです。ゴールキーパーの素晴らしいディフェンス，試合の途中で友達が出してくれたパス，あなたの士気を高めてくれたパパやお姉ちゃんの声援などに感謝します。

研究によると，感謝の気持ちは，何か特定のものに感謝したときに最も効果を発揮するそうです。もしあなたが，「世界中の人に感謝している」と思っているならとても素晴らしいことです。でも，それは「虹色ユニコーンの考え」ではないですか？　それよりも，「寝る前に好きな本を読んでくれるパパとママに感謝している」と考えた方が，あなたにとっては重要です。違いがわかりますか？　具体的にすることが重要なのです。

やってみましょう

喜びや満足感などのポジティブな気持ちをもたらす特定の瞬間をキャッチすることで，感謝の気持ちを育むことができます。感謝した特定の瞬間を書き留めることで，より幸せな気持ちになることができます。

感謝日記は，あなたが感謝を感じる特定の瞬間を記録する楽しい方法です。自分の日記を使うこともできますし，次の記入フォームをコピーしてつけることもできます。

習慣として身につきやすいので，毎日同じ時間に書くようにしましょう。またそれぞれも「具体的な」感謝の瞬間を書くように心がけましょう（「自転車に乗ること」ではなく「自転車に乗って坂道を下っていたら，とても速くて楽しい気分になった」と書きます）。

感謝日記

注意：具体的な内容を記入しよう

今日感謝した瞬間は？

1

今日感謝した体験は？

2

今日こんな時に感謝しました

3

感謝日記を使いこなせるようになるには，数週間かかるかもしれません。感謝のチャンネルに意識のチューニングを合わせることで，脳は気分のいい瞬間をどんどん拾い始めます。

ワーク19　君の靴？　それとも私の？

ライリーのお気に入りの靴は，野球のスパイクです。駐車場を歩くときに鳴る音も，グラウンドで走るときの感触も，ライリーのお気に入りです。これを履いて靴紐を締めると，背が高く，力強く，自信に満ちたアスリートのような気分になります。彼は，野球選手のように物を見るようになり，アスリートのように考えるようになります。

ライリーがビーチサンダルを履くと，ちょっとした違和感を覚えます。同じような自信とエネルギーの爆発はありませんが，気分は悪くありません。快適でリラックスしています。歩くときに鳴る「パシャッ，パシャッ」という音が気に入っているようです。しかも履くのに２秒しかかかりません。

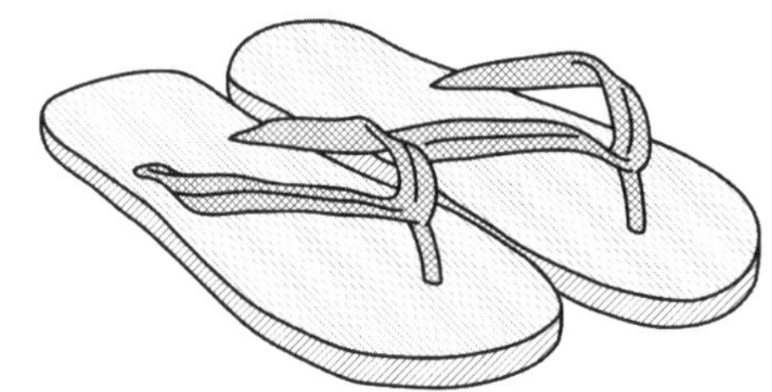

知っておきましょう

なぜライリーの靴にこだわるのかって？　なぜなら，彼の気持ちの感じ方が靴によって変わるからです。野球のスパイクを履いたライリーを想像してみましょう。鮮やかなユニフォームを着て堂々としているライリーの姿が浮かびます。ビーチサンダルを履いたライリーを想像すると，砂の上を気軽に歩いているライリーの姿が見えてきます。それぞれの場面ごとで，ライリーの物の見方も変わるのです。スパイクを履いているとき，彼は野球選手として世界を見ています。これがライリーの視点です。**視点**とは，ある状況をどのように見ているか，どのように考えているか，どのように感じているかということです。

人によって視点は異なります。たとえば，あなたが裏庭のリスに気づいたら，「このリス，かわいい！」と思うかもしれません。しかし，庭仕事をしていたお母さんは，「あのリスはにくたらしい！」「私が育てている植物を全部食べようとしている！」と思うかもしれません。もしあなたの飼っている犬が自分の気持ちを伝えてくれたら，「あのリスを追いかけたい！」と思っているかもしれません。同じリスを見ていても，それぞれの視点が違うのです。

視点について考えるとき，私たちみんなが違った見方をしていることに気づくことが大切です。誰かの視点が間違っていて，私たちの視点が正しいと考えるのは簡単（というかそうしたくなるもの）です。私たちが正しいこともあるでしょう。しかし，間違っていることもあるのです。そして時には，正しいも間違っているもないのです。他人の視点で物事を考えられるようになると，状況を別の角度から見ることができるようになります。

やってみましょう

何か特別な靴を持っていませんか？　バレエシューズとか，ライリーのスパイクのような運動靴とか。特別な日にしか履かない派手なドレスシューズがあるのではないでしょうか。柔らかくて気持ちのいいスリッパを持っているかもしれないし，履いてみると不器用にしか歩けない，大きな音がする長靴を持っているかもしれませんね。その靴を探して，履いて，何歩か歩いてみてください。

どの靴を選びましたか？ ______________________________

なぜですか？ ______________________________

この靴を履くと，何が違って見えますか？ ______________________________

____

この靴を履くと，何が違って感じられますか？ ______________________________

____

この靴を履いて歩いていると，どんなことが頭に浮かびますか？ ______________________________

____

さらにやってみましょう

あなたの家族の誰かに，その靴を履くと，いつもと違う気持ちになり，違う視点を持つことができる，特別な靴を持っていないか聞いてみましょう。その靴を履いてみてもらい，さきほど自分が答えたのと同じ質問をしてみてください。彼らの答えを下に書きましょう。

どの靴を選びましたか？ ＿＿＿＿＿＿＿＿＿＿＿＿＿＿＿＿＿＿＿＿

なぜですか？ ＿＿＿＿＿＿＿＿＿＿＿＿＿＿＿＿＿＿＿＿＿＿＿＿

この靴を履くと，何が違って見えますか？ ＿＿＿＿＿＿＿＿＿＿＿＿＿＿

＿＿＿＿＿＿＿＿＿＿＿＿＿＿＿＿＿＿＿＿＿＿＿＿＿＿＿＿＿＿

この靴を履くと，何が違って感じられますか？ ＿＿＿＿＿＿＿＿＿＿＿＿

＿＿＿＿＿＿＿＿＿＿＿＿＿＿＿＿＿＿＿＿＿＿＿＿＿＿＿＿＿＿

この靴を履いて歩いていると，どんなことが頭に浮かびますか？ ＿＿＿＿＿＿

＿＿＿＿＿＿＿＿＿＿＿＿＿＿＿＿＿＿＿＿＿＿＿＿＿＿＿＿＿＿

ワーク 20 照明よし，カメラよし，撮影スタート！

知っておきたいこと

俳優は通常，視点を理解するのがとても上手です。それは彼らの仕事の一部です。俳優はキャラクター（役柄）を演じます。キャラクターも同じ人間です。俳優がキャラクターを演じるためには，そのキャラクターがどのように物事を考え，何を信じ，何を愛し，何を憎むかなどを理解しなければなりません。俳優はキャラクターの**視点**を研究することで，彼らのように演じることができます。

自分の好きな俳優を思い浮かべてみてください。1つの役しか演じない俳優を見たことがありますか？　恐らくないでしょう。有名な俳優であれば，いくつかの異なる役を演じているのを見たことがあるはずです。あるショーでは悪役で，次のショーではヒーローだったかもしれません。それぞれの役において，俳優は何週間も，あるいは何カ月もかけて，異なるキャラクターの視点を考えていたことでしょう。

俳優はどのようにして他の人のように考えることを学ぶのでしょうか？　俳優は，キャラクターと同じように物事を見たり，理解したりしようとするのです。俳優は，次の3つのステップを使って，役柄に入り込みます。

- **好奇心を持つ。**好奇心は，視点における強大な力です。誰かに興味を持てばその人がどのような生活をしているのか，興味や信念を持っているのか，ある状況についてどのように考えているのだろうかと考え始めるものです。また，次のようなことも考え始めます。「なぜあの人はあんなことをしたんだろう」，「あの人は何を考えているんだろう」，「あの人の両親はどんな人なんだろう」。

- **想像する。**想像することで，今見ている人だけではなく，もっと多くの人をイメージすることができます。あなたが今見ている人には，お母さんがいるかもしれないし，犬がいるかもしれないし，妹がいるかもしれないし，ラマ牧場に住んでいるかもしれないし，海の上のハウスボートに住んでいるかもしれません。その人の生活の詳細を想像すると，より現実的なものになってきます。

・**類似性を認識する。**俳優は，自分のキャラクターが好きになれなかったり，キャラクターに感情移入できなかったりすることがあります。このような場合，俳優はキャラクターとの共通点を探します。自分と他の人との違いを考えがちですが，自分との共通点を見ることで，より深く視点を理解することができます。キャラクターは，あなたと同じように，ゼリー好き，ピスタチオのアイス好き，オリーブ好きかもしれません。また，あなたの好きなテレビ番組や本，映画が，同じように好きかもしれません。あなたはおそらく，このキャラクターといくつかの共通点を持っているでしょう。共通点を見つけて共通点に名前をつけると，その人の目を通して物を見ることができるようになります。

やってみましょう

俳優になる準備はできていますか？　私たちはあなたに，ある映画の中で，ある役を演じてもらいます。準備はいいですか？

> あなたは，ニューヨークで生まれた10歳の子どもです。あなたが1歳のとき，あなたの家族はコネチカット州の農場に引っ越しました。都会での生活のことは全く覚えていません。あなたは田舎の生活が大好きです。自由時間はいつも外で遊んでいます。あなたには姉と妹がいて，2人はあなたの一番の友達です。いつも3人で遊んでいます。ラスカルという名前の犬がいて，いつもそばにいてくれます。あなたは両親と一緒に暮らしています。お母さんは地元の学校で科学の先生をしていて，お父さんは図書館司書をしています。

はじめに，自分自身に問いかけてみてください。

1. あなたはこの役のどこに好奇心を引かれましたか？

2. この子のどこを不思議に思いましたか？

3. この子の生活をどんなものだと想像していますか？

ここからがあなたのセリフです。キャラクターの「声」で言ってみてください。

セリフ１：「都会に戻ってくるのがとても楽しみです。高いビルを見るのが待ちきれません。車やバスの音も大好きです」

セリフ２：「両親が毎日違うアクティビティに参加させてくれたことが信じられないです」

セリフ３：「私はただ外にいたいのです。新鮮な空気を吸いたい。ラスカルが恋しいです」

どうでしたか？　そのキャラクターがどのように考え，感じ，行動したのか，好奇心を持ち，不思議に思い，想像することができましたか？　セリフを読んでいて気づいたことはありますか？

____

____

____

ワーク 21 視点のチェック

カイラは疲れています。昨晩は十分に眠れなかったので，目が覚めると機嫌が悪いのです。寝ていたいのに，時間通りに起きないと両親に怒られます。お母さんは彼女に学校に行く準備を急がせますが，彼女は着たかったシャツを見つけることができません。姉の部屋でやっと見つけました。姉が無断で彼女のシャツを借りたことに怒り狂います。ようやく出かける準備ができたとき，お母さんは時間がかかりすぎたことに腹を立て，カイラを急かしてドアから外に追い出します――雨が降っているのに！

その日，カイラは学校で遅刻をしてしまい，恥ずかしい思いをしていました。朝一番の理科の授業で，宿題を見つけようとフォルダを開くと，家に忘れてきたことに気づきました。カイラは泣き出してしまいました。最悪の気分です。泣いているところを誰にも見られないように，トイレに行きました。

彼女は考えます。「これはとても不公平だわ。私の人生は最悪だわ。何もかもうまくいかない。私はたぶんこの学年で落第するでしょう。宿題をするために休み時間もあきらめなければならないかもしれない。先生は私が本当に家で宿題をやったとは信じないでしょう」。今，この瞬間，すべてがみじめに思えてなりません。

知っておきましょう

カイラだけではありません。誰でも，完全に打ちのめされて，自分を見失ってしまうことがあります。人生が思うようにいかなかったり，うまくいかないことがたくさんあったりすると，すべてが最悪だと感じてしまいがちです。落ち込んだり，元気がなくなったりすることもあるでしょう。その気持ちがどんどん大きくなるのと同時に，状況も実際よりずっと悪いものに感じられるようになっていきます。

ひどい気分になっている最中は，たいていずっとこのままなのではないかと感じてしまいます。しかし，そんなことは全くありません。事実，気持ちは一時的なものです。いつまでも幸せではいられないように，いつまでも動揺した気持ちでいられるわけではないのです。それは天気と同じです。大きな雷雨に見舞われたとき，世界は暗く湿っているように見えますが，その嵐は必ず終わります。ひどい気分も必ず終わるのです。

このような大きな気持ちは，時に自らの視点を失わせることがあります。言い換えれば，その気持ちによって，状況を実際とは異なるように見てしまうのです。このような場合，私たちは自分の視点を取り戻さなければなりません。視点を**一定に保つ**必要があるのです。

視点を保つということは，事実と証拠に基づいて物事を見るために，一歩下がるということです——物事が実際はどうなのかを見るために。何もかもがうまくいかないと感じているときは，状況を見る方法がいくつもあることを思い出しにくくなります。そんなときに役立つのが，**視点のチェック**という方法です。視点のチェックを行うことで，良いことも起こりうるし，すべてがうまくいくかもしれないと考えることができます。

やってみましょう

視点のチェックとは，状況をより正確に見るための方法です。練習するには，この1週間で自分の視点を失ってしまった時のことを考えてみましょう。宿題の紙がどこにも見当たらず，犬に食べられたと訴えてしまったり。あるいは，夕食が嫌いなものばかりで，ご両親に「ひどい」「食べられるわけがない」と言ってしまったり。過去1週間で思いつかない場合は，カイラの状況を使って，彼女が次の質問にどう答えるか考えてみてください。

・この状況は2時間後にはどの程度の問題になるでしょうか？
・この状況は2日後にはどの程度の問題になるでしょうか？
・気持ちは一時的なものだということを忘れてはいけないのはなぜですか？

これらの質問をメモして，家や学校など，どこでも持ち歩いて，自分の視点を必要なときに確認しましょう。そうすれば，気持ちが大きくなりすぎたときに，いつでも自分に問いかけることができます（こう自戒しましょう。「これが真実だと感じるからといって，本当に真実とは限らない。事実は一体なんだろう？」）。

視点のチェックを始めたばかりの頃は，やり遂げるのに非常に苦労します。それでも，頑張りましょう。練習すればするほど，どんどん簡単になっていきます。ほとんどの子どもたちは，2，3週間ほど視点のチェックの練習をすると，困難な状況に陥ったときに自動的に視点のチェックを使うようになります。そして，視点のチェックを行う習慣が身につくと，「やり抜く力」が養われます。「やり抜く力」は，あきらめかけていることを続けたり，困難なことをやり通すときに必要となる力です。視点についての感覚が身につくと，そうした視点についての知識を，物事をどう感じるかということだけではなく，物事の本質（本当の姿）を理解することにも使えるようになります。この，視点に関する知識があれば，状況に対して異なる考え方ができるようになり，それまではあきらめていたことを，続けることができるようになるのです。

さらにやってみましょう

カイラの気分がよくなる助けになると思うことを，手紙にしてみましょう。手紙を書くときには，自分が悪戦苦闘しどう解決してよいかわからなかったときに，人から言ってほしかったことを考えてみましょう。

カイラちゃんへ

ワーク22 何が問題？

アレックスは九九を覚えるのに苦労しています。数字をうまく覚えることができず，算数の授業が怖くなってきたようです。大声で九九を発表する時には，誰にも気づかれないようにトイレに行ってしまいます。ある日，担任の先生は，彼が苦労していることを知っているので，特別に補習をしたいと彼に伝えます。しかし，アレックスはそれを受けようとはせず，ますます不安になっていきました。九九の小テストの日，彼は学校に行く前に腹痛を起こし，学校を休んでしまいました。アレックスは，先生が自分に失望していると思っているし，両親が知ったら怒られると考え両親に数学の成績が悪いことを知られたくないと思っています。

知っておきましょう

アレックスのように，誰もが解決方法のわからない問題を抱えています。時には，あまりにも難しい問題で，どこから手をつけていいかわからないこともあります。そのようなとき，「やり抜く力」のある子どもは，まず問題を特定することから始めます。簡単そうに聞こえるかもしれませんが，そう簡単にはいきません。特に，複数の問題が考えられる場合は，とりわけ難しくなります。

やってみましょう

では，ここでのアレックスの問題点は何でしょうか？　合っていると思うものに○をつけてください。

彼は九九を覚えるのに苦労しています。

彼は算数の授業が怖くてたまりません。

彼は九九を勉強していないし，練習もしていません。

彼の先生は彼に失望しています。

彼の両親は彼がどれだけ悪いことをしているかを知ったら怒るでしょう。

さて，少なくとも１つは問題が見つかったことと思います。その他にもいくつかあるでしょう。丸で囲んだものを振り返って，修正しやすいものから修正しにくいものまで順位をつけてください。

どの問題が最も簡単なのかを見極めることで，どの問題が最も解決可能なのかがわかります。全く解決できなさそうな問題は，ついつい後回しにしてあきらめてしまいがちです。しかし，視点を変えて違う方向から問題を見ることができれば，問題を解決できる可能性が高くなります。簡単な問題から始めれば，無理だと思っていた問題が解決可能であることに気づくのです。

たとえば，あなたが自分の先生を世界で一番素敵な人だと思っているなら，「先生は彼に失望しています」の優先順位を，自分の先生がそれほど素晴らしくないと思っている人よりも高くランクづけるでしょう。言い換えれば，あなたが先生のことを気にかけていればいるほど，先生があなたに失望しているかどうかを気にかけるということになります。視点によって問題のとらえ方は変わってくるのです。

さらにやってみましょう

問題を特定したら，次のステップは計画を立てることです。アレックスの問題をどのように解決しますか？　次の順序で考えてみましょう。

問題を明確に定義します。なるべく具体的に。

考えられる解決策は？　いくつか示してください。

どの解決策を最初に試しますか？　なぜそれなのですか？

いつそれを試してみますか？　どのくらいの頻度でやってみますか？

問題解決のプラン立て

1

問題を明確に定義します。なるべく具体的に。

考えられる解決策は？　いくつか示してください。

3

どの解決策を最初に試しますか？　なぜそれなのですか？

いつそれを試してみますか？　どのくらいの頻度でやってみますか？

ワーク23 SEE（睡眠，運動，食事）が大事！

ジャックは母親のiPadで遊んで夜更かししてしまいました。翌朝，彼は疲れていて不機嫌で，通学バスに乗る前に甘いシリアルをさっと食べるのがやっとでした。その日，ジャックと彼の友人は学校で古代ギリシャについての自由研究に取り組んでいましたが，ジャックの友人がレポートでミスをしたとき，何が起こったと思いますか？　ジャックは怒ってしまい，バランスの取れた視点を完全に失ってしまったのです。彼は友人をバカと呼び，許可なしに教室を飛び出してしまいました。

知っておきましょう

「やり抜く力」を伸ばすための最初のステップは，脳と体に必要なケアをすることです。豊かな土壌に植えられた種は，太陽の光をたっぷり浴びて，十分な水を与えられたときに最もよく育ちます。「やり抜く力」も，あなたの脳と体が必要なケアを受けたときに最もよく成長します。もし，あなたが自分の「やり抜く力」を成長させたいと思うなら，「SEE」の3文字に従ってください。

・「Sleep（睡眠）」睡眠時間は9～10時間を目安にすること。

・「Exercise（運動）」脳の働きを活発にするために，体を動かすこと。

・「Eating well（食事）」新鮮な果物，野菜，たんぱく質を多く含む食事をすること。

やってみましょう

ジャックと一緒に「SEE（シー）作戦」を行ってみましょう。以下のそれぞれの文章の後に，あなたが考える，ジャックの実例をよりはっきり理解するのに役立つであろうことを書き込んでください（思い出してください，「SEE」はSleep（睡眠），Exercise（運動），Eating well（食事）の意味です）。

「ジャックは母親のiPadで遊んで夜更かししてしまいました」。この，最初に紹介した文章にはどんな問題があると思いますか？

「翌朝，彼は疲れていて不機嫌で，通学バスに乗る前に甘いシリアルをサッと食べるのがやっとでした」。問題は何だと思いますか？

夜更かしして携帯やゲーム機器などの電子機器を使うことは，脳にも体にもよくありません。あなたくらいの年齢の子どもがベストな状態でいるためには，9時間以上の睡眠が必要です。また，寝る前に電子機器を使うのは絶対にダメです。科学者たちは，電子機器の光が良質な睡眠の妨げになることについて様々な問題を発見しています。また，電子機器の情報に脳が反応することで，眠れなくなることもあります。少なくとも寝る2時間前からは，電子機器を一切使わないようにしましょう。

考えてください，脳と身体のための燃料として最適なのは何でしょうか？　甘いシリアルでしょうか？　そうではありません。私たちの脳と体は，果物，野菜，たんぱく質などの質の高い食品を食べることで最も良く働きます。

さらにやってみましょう

睡眠，運動，食事をしっかりとる「SEE作戦」を行うことで，気分や「やり抜く力」のレベルに違いが出るかどうかを，みて（SEE）みませんか？　下の表を使って，今週の「SEE作戦」の成果を確認してみてください（SEE（シー）は英語で「みる」という意味です）。

曜日	昨夜は何時間寝ましたか？	今日は何分間エクササイズをしましたか？	フルーツ，野菜，タンパク質をとりましたか？	今日の気分は10点満点で何点ですか？ 1＝最低 10＝最高	今日の「やり抜く力」レベルは1～10のどれですか？（「やり抜く力」温度計を使いましょう）
月曜日					
火曜日					
水曜日					
木曜日					
金曜日					
土曜日					
日曜日					

自分がどのように「SEE作戦」を行っているかを記録してみて，何かわかったことはありますか？　私たちが知っているある子どもは，1週間の睡眠，運動，食事の量を記録しました。彼は，運動するかしないかで，それぞれの日に大きな違いがあることを知り驚きました。彼は，毎日は本格的な運動をしたくなかったので，いろいろな方法を試してみました。お父さんと一緒に犬の散歩をしたり，休み時間に鬼ごっこをしたりすると，気分がよくなり，よく眠れるようになりました。そうすると，彼の「やり抜く力」レベルが上がり始めました――それも楽しみながら。

ワーク 24 「やり抜く力」と運動

知っておきましょう

運動は身体だけでなく，脳の役にも立ちます。血流を良くし，気分を良くし，記憶力を高め，さらには問題をより効果的に解決するのに役立ちます。科学者によると，運動をしている子どもはテストの成績が良く，自信を持って行動し，幸福感を感じているとのことです。

これを読めば，運動と「やり抜く力」がピーナッツバターとゼリーのように相性が良いと言っても驚かないでしょう。「やり抜く力」は何かを行うためのものですが，運動は「やり抜く力」を作り上げるのにとても役立ちます。なぜなら，運動は子どもたちに（そして大人にも）何かを行うためのエネルギーをより多く与えてくれるからです。また，運動をすると心配事が減るという研究結果があるのを知ってますか？子どもに限らずすべての人が，困難な状況にあっても頑張るためには，脳を最高の状態にしておく必要があります。身体を大切にすることは，脳を大切にすることにつながり，あなたの「やり抜く力」を育てます。

やってみましょう

運動は本当に気分を良くするのでしょうか？　このアイデアを試してみましょう。

1. 気持ちの温度計を使って，現在の気分を評価しましょう。
2. タイマーを60秒にセットし，その時間内にできるだけ多く縄跳びをしましょう。
3. タイマーを15秒にセットして，休憩しましょう。
4. タイマーを60秒にセットし，再びできる限りの数の縄跳びをしましょう。
5. 2回目の縄跳びを終えた直後に，再び気分をすぐ評価してみましょう。

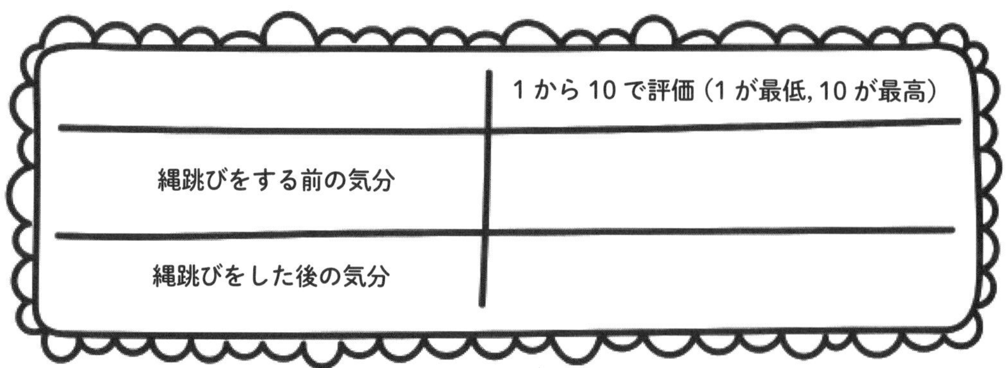

	1から10で評価（1が最低，10が最高）
縄跳びをする前の気分	
縄跳びをした後の気分	

この簡単な実験で，あなたは何に気づきましたか？　実験用の白衣を着た研究員になった気分で，ここにメモしてください。

さらにやってみましょう

運動が，気分と「やり抜く力」にどのような影響を与えるか，もう一度試してみましょう。まずは，この迷路を時間を測ってやってみましょう。

どのくらい時間がかかりましたか？　あなたのタイムを書きましょう。

それでは，縄跳びを 60 秒，休憩を 15 秒，さらに縄跳びを 60 秒やってから，すぐに座って迷路に挑戦してみましょう。時間も測りましょうね。

どのくらい時間がかかりましたか？　あなたのタイムを書きましょう。

縄跳びをした後の方が，迷路を早く終えることができたのではないでしょうか。軽く運動をすることで脳がより効果的に働き，問題を解決することがよりうまくできるようになったのです。クールだと思いませんか？　普段から運動を習慣として行うことは「やり抜く力」を身につけるために重要ですが，短時間の運動でも脳の働きを良くします。脳が最高の状態になると，考えることや困ったことを解決することが速くなるだけではありません。心が落ち着き，よく考えてうまく問題を解決できるようになるのです。

ワーク 25 充電しよう！

シャーロットは忙しいことが大好きでした。友達と遊んだり，遠征も行うほど強いスポーツチームに参加したり，ガールスカウトのグループに参加したり，美術の授業を受けたり，学校で一生懸命勉強したりするのが好きでした。これらはすべて素晴らしいことでしたが，しかし，シャーロットは疲れを感じていました。彼女はストレスを感じていましたし，全てのことについていけずイライラしていました。平日の夜は次から次へと何かアクティビティが予定されていて，週末も同じように忙しかったのです！

シャーロットのお母さんは，何もしない時間を作ってみたらどうかと提案しました。自由な時間を作るために，シャーロットは忙しいスケジュールの中で何かをあきらめなければならないかもしれませんが，それでも構わないとお母さんは説明しました。シャーロットはそれに同意し，自分のアクティビティを減らしました。彼女は犬と外で以前よりも遊ぶようになりました。彼女は芝生の上に寝転んで，空を見上げる時間も作りました。とても気分がよいものでした。彼女は楽しみのためだけの読書を始めましたが，それも非常に気分のよいものでした。彼女は相変わらずたくさんのアクティビティを楽しんでいましたが，少しでもアクティビティを減らすと，充電できる時間が増えることに気づきました。

知っておきましょう

困難な状況に陥ったときにも進み続けるには，エネルギーが必要です。十分な睡眠，食事，運動がエネルギーになることはすでに学びましたが，それだけではありません。自分の時間を持ってリラックスしたり楽しんだりすることも，実はエネルギーになるのです！　自分のために時間を使うことは，心と体をほぐしリラックスさせる機会となるため，「やり抜く力」を高める助けにもなります。

リラックスといっても，ベッドに寝転がったり，ソファに座ったりする必要はありません。もちろん，時にはそれも必要ですが。実際，何かをすること（何もしないでいるのとは違います）でも，リラックスできます。しかし，その「何か」が重要なのです。多くの子どもたちは，電子機器でゲームをしたり，動画を見たりするとリラックスできると言います。それはその場では楽しいかもしれませんが，「やり抜く力」を育むようなリラックス法ではありません。科学者たちは電子画面を見る子どもたちを研究し，電子機器は脳をリラックスさせないことを発見しました。さらに悪いことに，電子機器の使用によってエネルギーを奪われたり，イライラしたり，集中力が低下したりすることもわかりました。

また，科学者たちの研究の結果，外に出ることはエネルギーを蓄えるのに最適な方法だとわかりました。自然の中にいると，子どもたちはストレスを感じなくなります。遊び場や公園，家の裏庭など，屋外で時間を過ごすことは大変なリラックスになります。

やってみましょう

子どもたちが大好きな，リラックスして充電するための方法を紹介しましょう。

・フラフープをする
・お絵かきする
・瞑想する
・音楽を聴く
・歌う
・走る
・スケートボードをする
・工作をする
・楽器を演奏する
・一人で静かに過ごす
・読書をする
・バスケをする
・自転車に乗る
・ダンスをする
・友達と遊ぶ
・ただ楽しむ

なにか書き漏らしはありませんでしたか？　あなたの「充電」アイデアをここに加えてください。

____

____

____

あなたの充電方法のベスト3はどれですか？　挙げてみてください。

1. ______________________________________

2. ______________________________________

3. ______________________________________

充電できる時間をいつに設定するのかを書いてみてください。

もし，充電する時間が取れずにストレスがたまるようであれば，親御さんに相談して，忙しいスケジュールの中で空き時間を確保してもらうのがいいかもしれません。

バカバカしいと感じますか？　気持ちはわかります。でも，充電するためには努力しなければならないこともあります。あなたとご両親で，一緒に充電する時間を作ってみてはいかがでしょうか（ご両親も充電する時間が必要だと思いますよ）。

さらにやってみましょう

あなたの充電量は？　気がつかないうちに充電が減っていることがあります。面白いことに，私たちは自分自身よりも自分の電子機器の充電量についてよく知っているようです。この表を使って，１週間の自分の充電量を記録してみましょう。毎日同じ時間に電池にレベルを記入して，その時間も表に記入します。これは，ご両親と一緒に行う楽しいワークです。あなたの充電量が多いか少ないかを示す文章を自由に追加してください。

・充電レベル・

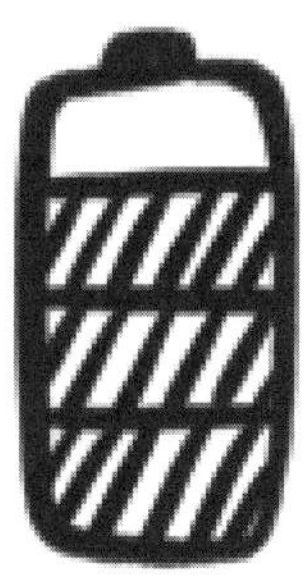

充電を増やしてくれた出来事は？
(^O^)／

充電を減らすことになった出来事は？
(;_;)

月曜日 ＿＿＿＿時
100%
75% ＿＿＿＿＿＿＿＿
50% ＿＿＿＿＿＿＿＿
25% ＿＿＿＿＿＿＿＿

木曜日 ＿＿＿＿時
100%
75% ＿＿＿＿＿＿＿＿
50% ＿＿＿＿＿＿＿＿
25% ＿＿＿＿＿＿＿＿

火曜日 ＿＿＿＿時
100%
75% ＿＿＿＿＿＿＿＿
50% ＿＿＿＿＿＿＿＿
25% ＿＿＿＿＿＿＿＿

金曜日 ＿＿＿＿時
100%
75% ＿＿＿＿＿＿＿＿
50% ＿＿＿＿＿＿＿＿
25% ＿＿＿＿＿＿＿＿

水曜日 ＿＿＿＿時
100%
75% ＿＿＿＿＿＿＿＿
50% ＿＿＿＿＿＿＿＿
25% ＿＿＿＿＿＿＿＿

土曜日 ＿＿＿＿時
100%
75% ＿＿＿＿＿＿＿＿
50% ＿＿＿＿＿＿＿＿
25% ＿＿＿＿＿＿＿＿

ワーク 26 チューニング

ルイは本格的にチェロを弾いています。毎日，時には１時間かけて練習しています。演奏するために座ったとき，彼が最初にすることは楽器のチューニングです。チェロのチューニングとは，音が正しいかどうかを確認することです。チェロの音が高すぎる場合，彼は音を低くします。音程がずれていれば，音を聞いて弦の張り具合を変えたりします。もし，ルイが楽器のチューニングをする前に演奏を始めたら，正しい音は出ないし，曲が台無しになってしまいます。チューニングは演奏の第一歩なのです。

知っておきましょう

マインドフルネスは，あなたの心の働きを少しでも良くするためのツールです。チェロの音を良くするためにチューニングするのと同じです。マインドフルネスとは，何かに本当の注意を向けられるように，注意を集中させる方法です。マインドフルな状態のとき，あなたは，自分が今いる瞬間，自分が経験していることに完全に集中しています。それはまるで，「一時停止」ボタンを押して，今ここで自分の周りにあるものだけに集中するようなものです。

学校に行って，宿題をして，家の手伝いをして……と，子どもたちは１日にたくさんのことをしなければなりません。しかも，それはすべての活動を含んでいるわけではないのです。マインドフルネスの感覚を養うと，重要なことに集中しやすくなります。マインドフルネスは，自分の「やり抜く力」に集中することも容易にします。マインドフルネスによって，過去や未来から離れて，今この瞬間に意識を戻すことができるからです。

マインドフルであることは，問題を無視したり，すべてが順調であるかのように装ったり，気持ちを無視することではありません。マインドフルであるということは，実際にはそういったことを正面から経験することを意味します。

やってみましょう

マインドフルネスは視点と関係しています。「マインドフルである」状態になると，物事をありのままに見ることができます。この考えを試してみましょう。

まず，立ち上がって20秒のタイマーをセットします。その20秒を使って好きなことを考えてください。学校のことでも，友達のことでも，天気のことでも。何でもよいのです。ただ，20秒間立って考えた後，次の質問に答えてください。

どんな感じでしたか？ ＿＿＿＿＿＿＿＿＿＿＿＿＿＿＿＿＿＿＿＿

＿＿＿＿＿＿＿＿＿＿＿＿＿＿＿＿＿＿＿＿＿＿＿＿＿＿＿＿＿＿

何を考えていましたか？ ＿＿＿＿＿＿＿＿＿＿＿＿＿＿＿＿＿＿＿

＿＿＿＿＿＿＿＿＿＿＿＿＿＿＿＿＿＿＿＿＿＿＿＿＿＿＿＿＿＿

どのくらいリラックスできましたか？　1つに○をつけてください：

ほんの少し　　　普通程度　　　非常にリラックスできた

では，同じエクササイズを，**マインドフル**にやってみましょう。タイマーを20秒にセットしてそして，背筋を伸ばし，足をしっかりと地面につけます。足の下に地面を感じるようにして，足の裏が均等に床につくようにします。自分の呼吸，足の接地感，腕の動きに意識を向けます。過去や未来のさまざまなことを考え始めたら，考えを今に戻してください。足がしっかりと地面に着いていること，腕，脚，呼吸に意識を戻します。それがどんなものかだけに注目します。そして，これらの質問に答えてください。

どんな感じでしたか？ ________________________________

____

何を考えていましたか？ ______________________________

____

どのくらいリラックスできましたか？　１つに○をつけてください：

ほんの少し　　普通程度　　非常にリラックスできた

２回目の方がリラックスできたのではないでしょうか？　見ている人は，どちらのエクササイズもあなたが同じことをしていると思ったかもしれません。あなたは外側からは全く同じように見えるのですから。しかし，感覚的にはかなり違っていたのではないでしょうか。

マインドフルネスは，いつでも実行できるものです。あなたが精神的に落ち込み始めたとき，ストレスの気持ちに圧倒されそうになったとき，まさにいまこの瞬間に自分を根づかせるマインドフルネスの実践を行いましょう。マインドフルネスは心と体を落ち着かせるための，簡単でリラックスできる手法です。

ワーク 27 グラウンディング

メイシーはストレスや気分の落ち込みを感じたときに，周囲の物事に集中するのが難しくなります。彼女はすぐに怒ってしまい，自分を落ち着かせることができなかったのです。メイシーは「やり抜く力」を身につけたいと思っていました。しかし周囲が慌ただしく，混乱し，ザワザワしているときに，「やり抜く力」に集中するのは，彼女にとって難しいことでした。彼女は，気持ちが限界の状態になったときに心と身体を落ち着かせる方法を必要としていました。

知っておきましょう

グラウンディングはメイシーの頭が混乱したときに使うことができる，学んでおくべきテクニックです。地面にしっかり根を張った，大きな樹を想像してみましょう。根は樹を，強くしっかりとその場所に保たせています。グラウンディングをすると，どんな風が私たちの周りで巻き起こっても，その樹のように静かで安定した状態になれます。これはシンプルですが，大きな効果をもたらすテクニックです。試してみましょう。

やってみましょう

「5つのチェック」は，いつでもどこでもできるグラウンディングエクササイズで，気持ちのバランスを取り戻すことができます。しかもこのエクササイズをしていることは誰にも気づかれません！　必要なのは，数分間，自分の五感に意識を向けることだけです。

始める前に，鼻から吸って，口から吐く深呼吸を5回してください（扁桃体犬のモモちゃんを覚えていますか？　これでモモちゃんが少し落ち着き，エクササイズがより効果的になります）。

5. 今，あなたの周りにある5つのものに気づいて，名前を挙げてみましょう（頭の中で）。外の木立，机の上の鉛筆，棚の上の本，床の上のヘアバンド，目の前の机の表面の模様など，何でも構いません。目に見えるものなら何でもOKです。

4. 身の回りにある4つのものに触れて，その感触を確かめてみましょう。自分が座っている椅子の滑らかな表面，自分の髪の毛の質感，シャツの生地の柔らかさ，手に持った鉛筆の角のでこぼこなどに注目してみてください。触ることができるものであれば，何でも構いません。触った感触を意識することだけは守ってください。

3. 身の回りにある3つのものに耳を傾けてみましょう。音に注意を向ければ，エアコンの「ガーッ」という音，鉛筆が紙を引っかく音，キーボードのキーを叩く音などに気づくかもしれません。3つの別々の音を聞いてみましょう。

2. 身の回りの2つのものの匂いを嗅いでみましょう。手を洗ったときの石鹸の香りがするかもしれません。水筒の金属の香りがするかもしれません。この方法は，自分に注目を集めないようにさりげなく行うことができます。

1. 身の回りにあるものを1つ味わってみましょう。これはほとんどの場合，あなたの口の中にすでにある味です。口の中の味に注目してください。朝，歯を磨いたときの歯磨き粉が残っていませんか？

頭の中が重苦しい考えでいっぱいになったときは，五感を使って「5つのチェック」を行うと，安定して落ち着いた状態になり，自制できる状態に戻ることができます。

ワーク 28 自然の恵み

ヘンリーが外に出られないのは，学校が終わっても両親が家におらず，両親が帰って来るまで家の中にいなければならなかったからです。しかし，ヘンリーは想像の中では外に出ることができました。「僕は外の裏庭にいるんだ」，と彼は目を閉じて考えました。「大きな木がある。何の木かわからないけど，樹皮は茶色くて，葉っぱは扇のように大きくて，木に寄りかかると，幹がすごく強くてしっかりしている感じがするんだ。僕はこの木の下に座って，幹にもたれかかるのが好きだ。心地よくて，安全な感じがする。この木の下にいると，何もかもが少し穏やかに感じられる。地面は冷たくて気持ちいいし，僕がもたれかかる木の幹はしっかりしているし，木の葉が下を日陰にしてくれる。そして僕は鳥の鳴き声や，時にはコオロギの鳴き声を聞くのも好きだ」。

知っておきましょう

最近の研究では，自然の中で過ごすと気分が良くなり，充電しやすくなることがわかってきました。自然の中で過ごすと，心拍数が下がり，呼吸がゆっくりと深くなるという知見もあります。まるで，自然が私たちのストレスレベルを自動的にリセットしてくれるかのようです。ストレスが減ると，心の中に「やり抜く力」のための余裕ができます。

科学者たちは，外の自然の中にいると，人はより穏やかな気持ちになるという結果を研究から得ています。公園や森などの緑地に入ると，20分以内に，人が感じるストレスの量は減っていき，幸せな気分が増します。人間は，携帯やゲーム機器から離れて新鮮な空気の中に身を置くと，気分が良くなるようにできているようです。また，外に出ているときの方が親切に振舞えるという研究結果もあります。

日本には「森林浴Forest Bathing」という活動があります。森林浴といっても，森の中でお風呂に入るわけではありません。森の中に入り，美しい木や葉，草，音，匂いなど，すべてを「浴びる」のです。全身で自然の中に浸かるのです。それはまるで，あなたの五感のための自然のお風呂のようです。

やってみましょう

みなさんの中には，自然が身近にある，田舎住まいの人もいるでしょう。逆に，自然を満喫するのが難しい，都会に住んでいる人もいるでしょう。しかし都会にも，公園や草むら，木などがあります。次のページの四角の中に，あなたが自然を充電できそうな身近な場所を盛り込んだ地図を作成してみてください。お気に入りの木やベンチのある木陰，気持ちよく読書できる芝生の丘などを入れてみてください。

そのお気に入りの木には，充電に最適なブランコやツリーハウスがあるかもしれません。ベンチの隣には，あなたが匂いを嗅いだり声を聞いたり眺めたりするのが大好きな，花や鳥やリスがいるかもしれません。あなたの充電に役立つものがあれば，それらをすべて地図に描いてみてください。

さらにやってみましょう

あなたは休暇を楽しみにしていますか？　どこに行くのが好きですか？　山ですか？　湖ですか？　キャンプ場？　海岸？　休暇は充電する絶好のチャンスですが，そうそうあるものではありません。もし，いつでも好きな時に休暇を取れるとしたらどうでしょう？　私たちは「3分間の休暇」と呼ぶエクササイズを用意していますが，あなたがすべきことは心を使うことだけです。準備はいいですか？

最初の2，3回は誰かに読んでもらうのもよいでしょう。でもこれは，周りに人がいなくてもできるエクササイズです。一人でする場合は，必要に応じて目を開けて文章を読み，読んだ後は1分ほど時間をかけてイメージに集中してみましょう。また，自分で読んで自分の声を録音し，それを再生するのもよいでしょう。こうした練習も，最初の数回だけで十分です。「3分間の休暇」を何度かやってみれば，何も使わなくても簡単にバケーションスポットに行けるようになります。

目を閉じて，鼻から吸って口から吐く，ゆっくりとした深呼吸を３回します。息をしながら，筋肉がほぐれ，体が重くなって落ち着いてきていることに気づきます。頭の中で，自分に向かって言います。「私は落ち着いている。私はリラックスしている」。これを２～３回繰り返します。

さて，あなたが小道を歩いて門に向かっていると想像してみてください。門の周りには素敵な壁があります。丈夫で安全な壁で，錠前に手のひらを押し当てるだけでゲートを開けることができます。冷たい金属を感じながらゲートを開けてみましょう。

ゲートに一歩足を踏み入れると，そこは世界で一番好きなバケーションスポットです。ゲートを閉めると，お気に入りのバケーションスポットを構成するすべての美しいものに気がつきます。あなたの五感を使って，これらのものに気づき，自分自身に説明してください。

あなたには何が見えますか？　空から地面，そしてその間のあらゆる場所を見てみましょう。あなたのお気に入りのバケーションスポットには，どんなイメージがありますか？　木や草や蝶がいますか？　砂や海の波，貝殻が散らばっていますか？　湖面にボートが浮かぶ湖や，大きな白い雲，鳥が集う木々はありますか？

気温はどんな感じですか？　涼しい風が吹いていますか，温かいそよ風が吹いていますか？　空気は乾燥していますか，それとも湿っていますか？　３分間の休暇のときには何を着ていますか？　もちろん，あなたはこの環境にぴったりの服装をしているはずです。

なにか匂いはしますか？　海水からの潮の匂いはありますか？　マツの樹の新鮮な香りは？　料理をしている匂いは？

手を伸ばして，自分の下にある地面に触れてみてください。岩が多く，乾いていますか？　柔らかく芝が生えていますか？　明るくて，温かくて，砂っぽいですか？

何か音はありますか？　水が流れる音，子どもの遊ぶ音，カモメの鳴き声は？

誰と行きますか？　あなたの３分間の休暇ですから，誰を連れてきてもいいのです。家族が満面の笑顔と笑い声であなたを囲んでいるかもしれません。友達と一緒に屋外で遊んでいるかもしれません。犬と散歩しているかもしれないし，馬に乗っているかもしれません。

周りの環境を心から楽しむために，少し時間を取りましょう。静かに歩き回って，この３分間の休暇を味わいます。できるだけ多くの細部を意識して，この休暇で得られる気分の良さを存分に感じてください。

準備ができたら，３分間の休暇に入るために使ったゲートに戻り，ゲートを閉じて出て行きます。一度ここに来たのですから，いつでも好きな時にこの心の中の場所に戻ってくることができるのです。この３分間の休暇は，あなたはいつでも利用できるものです。

リラックスできましたか？　このエクササイズのおかげで，気持ちが落ち着き，悩まされていたストレスが小さくなったのではないでしょうか。席を離れたり，外に出て木の下に座ったりすることができない状況に陥ることがありますが，それでも心の中のこの場所に行くことはできます。この休暇は，ストレスから逃れるためでも，充電のためでも構いません。この休暇で一番いいのは，飛行機のチケットも，親も何も必要なく行けるということです。安全で落ち着いた場所をビジュアライズする（想像するという意味の洒落た言葉です）ことに慣れれば，いつでもそのイメージや考えを呼び起こし，訪れることができます。

まとめ

次のステップは，学んだスキルを実際の生活の中で使うことです。復習してみましょう。

「やり抜く力」リスト

1. 「やり抜く力」を探そう
2. 過剰反応した脳を落ち着かせよう
3. 「脳は変えることができるものだ」と認識しよう
4. 気持ちに名前をつけて，気持ちを和らげよう
5. 考えを変えるために，思い込みを捕まえよう
6. 「自分との相談」で自分をコーチにしよう
7. やる気を奮い立たせる「モチベマンの呪文」を使おう
8. 心の中を通り過ぎる「3つの全部」を意識しよう
9. 成長型マインドセットを通じて変わっていこう
10. 感謝の気持ちを，自ら選んで持とう
11. 自分の視点をチェックしよう
12. 相手の立場に立って物事を考えてみよう
13. 本当の問題は何かを把握しよう
14. 睡眠，運動，食事を十分取ろう
15. 自分のリラックスのために時間を使おう
16. マインドフルネスで落ち着いた，力強い気持ちになろう

スキルを使えば使うほど，あなたの「やり抜く力」は大きくなっていきます。このリストをクローゼットの扉やバスルームの鏡など，目につくところに貼っておけば，「やり抜く力」を伸ばすための作戦を思い出すことができます。

おめでとうございます。あなたは努力して「やり抜く力」スキルを身につけました。あなたの努力を称えるために，この証明書を発行します。このワークブックは，生涯にわたって行っていく「やり抜く力」養成の，最初の一歩となりました！

「やり抜く力」
修了証明書
修了者名：
証明する者：イライザ・ネボルジーン（公認臨床ソーシャルワーカー）
Elisa Nebolsine, LCSW
本書『子どもの「やり抜く力」を育むワークブック』の著者
「やり抜く力」を身につけた皆さん，おめでとうございます！
これからも「やり抜く力」を育んでいきましょう！
私は「やり抜く力」もってます！

謝辞と著者紹介

子ども向けのレジリエンス・ワークブックのアイデアを最初に思いついたジェーン・アニュンシエータには，深く感謝しています。このワークブックは，ジェーンと私が行った『子どものための「立ち直り」ガイド』のための長時間にわたるブレーンストーミングとアイデア出しを反映しています。この本にはジェーンの影響が随所に散りばめられており，彼女の知恵とメンターシップは私の仕事に明るい光を与えてくれました。

本書のイラストは，才能豊かなアリ・ハムダニが描いてくれました。アリは優れたアーティストであるだけでなく，忍耐強く思慮深い協力者でもあります。大胆な記入フォームのイラストを描いたのはポリーナ・ジミーナで，彼女の仕事と美しい絵に感謝しています。ポリーナは「やり抜く力」記入フォームを明るく美しく仕上げてくれました。記入フォームのいくつかはステファニ・スティアワンがスケッチしたものですが，ステファニは真のプロであり，才能あるアーティストです。

イライザ・ネボルジーン（公認臨床ソーシャルワーカー）は，バージニア州フォールズチャーチにあるCBT for Kidsの所長であり，臨床家です。また，ベック認知行動療法研究所の非常勤講師，カソリック大学の非常勤講師，認知療法アカデミー認定の専門家でもあります。認知行動療法（CBT）と子どもについての講演を国内外で行っているほか，学校や各種機関などで子どもへのCBTの導入や活用についてのコンサルタントも行っています。

序文を執筆したジュディス・S・ベック（博士）は，ベック認知行動療法研究所の所長であり，認知療法アカデミーの元会長です。認知療法の創始者であるアーロン・T・ベックの娘であるベックは，『認知療法で二度と太らない心と体をつくる』（創元社）の著者でもあります。

監訳者あとがき

宇佐美政英

このたびは，本書を手にとってお読みいただき，本当に感謝いたします。本書を読むことで，多くの子どもたちのこころの中に「やり抜く力」が蠢(うごめ)き出し，その力は子どもたちの成長の大きな促進力となると信じております。

コロナ禍にもかかわらず東京オリンピックで大活躍した日本チームですが，その勝敗にかかわらず，すべての選手たちがその過酷な練習をやり抜いたことを己の支えとしたことがインタビューを通じて発信されました。目標に達することができたオリンピアンにとっては，まさに「やり抜く力」が必須のテーマなのでしょう。

オリンピアンでなくとも，全ての子どもたちは思春期という人生の荒波を否が応でも超えていかなくてはなりません。児童期のように自分がなんでもできるような健全な万能感を持ったままでは，思春期は乗り越えられないのです。思春期を通じて，子どもたちは勉強もスポーツも容姿も，自分の良い面だけでなく，他人と比べて自分のマイナスな面にも直面していくことになるでしょう。良い面も悪い面も持ち合わせた自分像を受け入れていく過程は，子どもたちにとってとても苦しいものです（大人になると忘れてしまいますが……）。そんな思春期の子どもたちは，時には自分は何をやってもうまくいかないと思うかもしれません。勉強も運動もどうでもよくなって，投げ出したくなるかもしれません。そんな時に，本書のテーマである「やり抜く力」が大事になってくるのでしょう。

本書は学童期の子どもたちが読むことが多いと思いますが，思春期以前の学童期から思春期年代に「やり抜く力」をこころの中で育てていくことは，この苦しい思春期時代を乗り越え，自分がやりたいと考えている目標に一歩ずつ近づくことにつながるでしょう。本書を通じて学んだ自己のモチベーションとマインドセットに目を向けることに加えて，睡眠，運動，食事，マインドフルネスを通じて自己の感情を扱えるようになることは，情緒的にも対人関係的にも不安定な思春期をうまく乗り越えていくための大きな力となるでしょう。

本書を通じて，子どもたちは自分の中にあった「やり抜く力」に注目し，そしてその力のレベルアップに取り組んだことでしょう。ぜひ，大人たちは，子どもと一緒に本書を読み終わった後も，蠢(うごめ)き出した子どもの「やり抜く力」に注目し，エンパワーし続けてください。私たち大人は，目の前の課題に直面し悩む子どもたちの成長に伴走することが大事で，その時，大人にとっての「やり抜く力」が試されているのかもしれません。きっと，本書を子どもと一緒に読んだ大人たちの中の「やり抜く力」も強くなっているはずですから，大丈夫だと信じています！

最後になりますが，本書が子どもたちの「やり抜く力」に刺激を与え，その成長と輝かしい未来につながる大きな推進力になるように願っております。

宇佐美 政英
児童精神科医
国立国際医療研究センター国府台病院子どものこころ総合診療センター長

監訳者略歴

大野 裕（おおの・ゆたか）

精神科医。国立研究開発法人国立精神・神経医療研究センター認知行動療法センター顧問。一般社団法人認知行動療法研修開発センター理事長。

1950年生まれ。慶應義塾大学医学部卒業。コーネル大学医学部，ペンシルベニア大学医学部留学などを経て，慶應義塾大学教授を務めた後，2011年国立精神・神経医療研究センター認知行動療法センター長に就任，現在顧問。

日本認知療法・認知行動療法学会理事長。

日本ストレス学会理事長。

日本ポジティブサイコロジー医学会理事長。

ストレスマネジメントネットワーク代表。

宇佐美 政英（うさみ・まさひで）

児童精神科医。国立研究開発法人国立国際医療研究センター国府台病院子どものこころ総合診療センター長，児童精神科診療科長，心理指導室室長，臨床相談室室長。

1973年生まれ。山梨医科大学医学部卒業。山梨医科大学精神神経科を経て，2001年から国立精神・神経センター国府台病院児童精神科に勤務。2013年に北里大学大学院医療系研究科発達精神医学を卒業。2016年より国立研究開発法人国立国際医療研究センター国府台病院児童精神科診療科長，心理室長，臨床研究相談室長。2019年より現職。

日本児童青年精神医学会認定医・代議員。

子どものこころ専門医。

厚生労働省認知行動療法研修事業認定スーパーバイザー。

訳者略歴

板垣 琴瑛

国立国際医療研究センター国府台病院心理指導室。

2015年に明治学院大学心理学部を卒業し，2017年に明治学院大学大学院心理学研究科心理学専攻博士前期課程臨床心理学コースを修了。その後，埼玉県越谷児童相談所，明治学院大学心理臨床センターで勤務し，2018年から現職。

臨床心理士，公認心理師。

吉田 雪乃

国立国際医療研究センター国府台病院心理指導室。

2017年に明治大学文学部心理社会学科臨床心理学専攻を卒業し，2019年に明治大学大学院文学研究科臨床人間学専攻臨床心理学専修を修了。その後，2019年から現職。

臨床心理士，公認心理師。

行方 沙織

国立国際医療研究センター国府台病院心理指導室。

2016年に聖徳大学児童学部児童心理コースを卒業し，2018年に帝京平成大学大学院臨床心理学研究科を修了。その後，東大和市教育相談室で勤務し，2019年から現職。

臨床心理士，公認心理師。

鈴木 柚衣

国立国際医療研究センター国府台病院心理指導室。

2017年に東京女子大学現代教養学部人間科学科心理学専攻を卒業し，2019年に明治大学大学院文学研究科臨床人間学専攻臨床心理学専修を修了。2019年から現職。

臨床心理士，公認心理師。

串田 未央

国立国際医療研究センター国府台病院心理指導室。

2011 年に上智大学総合人間科学部心理学科を卒業し，2016 年に上智大学大学院総合人間科学研究科心理学専攻を修了。その後，埼玉医科大学等で勤務しながら 2018 年から現職。
臨床心理士，公認心理師。

武富 啓生
明治学院大学心理臨床センター／国立国際医療研究センター国府台病院心理指導室。
2019 年に明治学院大学心理学部を卒業し，2021 年に明治学院大学大学院心理学研究科心理学専攻博士前期課程臨床心理学コースを修了。その後，2021 年から現職。

子どもの「やり抜く力」を育むワークブック
――認知療法のスキルで身につく成長型マインドセットとレジリエンス――

ISBN 978－4－7533－1188－0

大野　裕，宇佐美政英　監訳

2021 年 9 月 17 日　初版第 1 刷発行

印刷 ㈱太平印刷社
発行 ㈱岩崎学術出版社　〒 101－0062 東京都千代田区神田駿河台 3－6－1
発行者　杉田　啓三
電話 03（5577）6817　FAX 03（5577）6837